PAULE SALOMON

CORPS VIVANT

Illustrations par
Jean-François JOUSSON

Albin Michel

22, rue Huyghens, 75014 Paris

ISBN 2-226-01843-3

Sommaire

A la recherche du bonheur

LA CONSCIENCE DE L'HOMME MODERNE
EST EN PROFONDE MUTATION

Ce livre s'adresse à tous les jeunes et à tous ceux qui sont restés jeunes par l'esprit, c'est-à-dire qui profitent de chaque minute de leur temps de vie pour apprendre de nouvelles choses, pour s'améliorer, pour être le récepteur-émetteur d'ondes de plus en plus positives, pour élever leur niveau et leur capacité d'amour, pour se rapprocher de l'essence des choses, pour se refaire et se diriger vers le meilleur du visage humain.

Il est question ici d'actes très simples et très quotidiens, qui concernent le fait de se nourrir, de se soigner, de se reposer, d'être en forme, mais d'une manière ennoblie, consciencialisée, épurée, juste.

Pour ne plus entretenir un mortel désordre, on fera de tous ses actes un prétexte à élever son énergie. On s'animera intérieurement d'« inflexible douceur ». On progressera sans fin. On construira le futur.

Si les jeunes ont à se distinguer de leurs aînés, ce n'est pas en allant plus loin encore dans la destruction, mais au contraire en tournant le dos à leurs habitudes néfastes (alcool, cigarette, drogue, stress... course à l'argent) et en tentant de faire grandir l'étincelle divine qui vit en eux.

Ce livre est une invitation à une pratique quotidienne.

1

Fiction réelle

Des étoiles dans les yeux...

LA PLANÈTE « VIBRATO »

Signe de fête, les yeux s'allument, les yeux brillent. Et c'est tous les jours fête sur la planète « Vibrato ». Non que les conditions de vie soient toujours clémentes, mais les humains qui l'habitent ont une harmonie à vivre bien particulière.

Bien que la planète « Vibrato » soit petite, elle connaît différentes variétés de climat, l'alternance du jour et de la nuit, le déroulement rythmé des quatre saisons et autres incommodités du même ordre. Les développements d'une science et d'une technique ont permis à l'ensemble de la population de faire face commodément aux exigences d'une survie élémentaire. Ni la faim, ni le froid, ni l'obscurité ne viennent limiter leur intensité de vie. La satisfaction de ces nécessités ne leur demande pas d'efforts particuliers, c'est un acquis dont ils usent sans en abuser. Ils disposent d'un haut potentiel d'énergie pour rire, chanter, danser, jouer de la musique, peindre, sculpter, inventer, penser, écrire, aimer, toutes activités créatrices qui sont le propre d'une véritable vie humaine.

Ils ont pour leur corps biologique un grand respect. Ils le considèrent comme le véhicule transitoire de leur esprit mais ils lui accordent le soin et l'attention que mérite le fait d'avoir pris la peine de s'incarner. Ils considèrent la maladie comme l'expression d'un désordre dont ils sont les seuls et directs responsables. Ils lisent dans les yeux les uns des autres. Mais ils ne lisent pas que leurs sentiments.

Un examen attentif et éclairé de l'iris permet de déceler des troubles encore embryonnaires. Ils s'avertissent ainsi les uns les autres, mais discrètement ou encore avec humour, évitant toute dramatisation. Connaître sa défaillance physiologique, c'est déjà commencer à la réparer.

A cet égard, on est particulièrement vigilant sur la planète « Vibrato ». Il ne saurait être question de se retrouver adipeux, affaibli ou gravement atteint.

La « science du corps » s'apprend dès le plus jeune âge. « Science et conscience du corps sont les règles d'or de la vie de l'âme. » Chacun travaille à entretenir et à élever son potentiel d'énergie.

Être de bonne compagnie avec soi-même commence par le fait d'être de bonne compagnie avec son corps. Nous habitons d'abord notre corps, disent-ils, nous voulons faire de lui un temple où règnent la pureté, la propreté, l'ordre et l'harmonie. Ils connaissent les lois de l'univers et les lois de leur vie biologique. La vie du corps est la reproduction plus matérielle de la vie de l'esprit. Respecter la vie du corps, c'est respecter le sens de la vie en toutes choses, à l'intérieur comme à l'extérieur, la grande vie qui préside à l'ordre des formes et les transcende. Ils acceptent la dualité vie-mort, la dégradation de la matière, le vieillissement des corps, mais ils ne cèdent pas à son apparence. Ils ont reconnu et dépassé le goût de la destruction d'eux-mêmes et de ce qui les entoure. Ils s'efforcent à chaque instant d'exalter la vie, *ils ont des étoiles dans les yeux.*

Ne croyez pas qu'ils soient tous de grands sages, ils vivent très simplement et pour eux tout commence à partir de cette base. Ils aiment l'imagination, la fantaisie, la beauté, ils la réchauffent des nuances de l'amitié, de l'amour, sur un rayon de beauté, ils lui donnent son sens dans le rayon vérité! Ils sont les chercheurs d'eux-mêmes, de leur plus grande réalisation. Ils sont très différents, dans leurs dons, dans leurs rôles, mais tous ont accès à une part de cette étincelle où s'alimentent la vie de leur âme et l'éclat direct de leur regard. Ils savent pourquoi ils vivent. Ils dansent sur les apparences dans un jeu de miroirs. Ne les croyez surtout pas parfaits. Leurs imperfections, leurs faiblesses sont même criantes, parce qu'ils ne cherchent guère à les dissimuler. Ils désirent regarder en face ces infériorités et les transformer car ils ont reconnu en eux cet incomparable pouvoir : l'être humain est capable *d'évoluer.* Le sens de son passage et de son incarnation réside uniquement dans cette capacité de transformation, d'amélioration. D'une vie à une autre, d'un corps à un autre, il est possible de changer sa conscience, son bonheur, de rejoindre sa propre source épurée. Ils ne s'attachent pas au jeu des formes qu'ils créent ou s'ils s'attachent, d'autres sont là, miroirs impitoyables, pour leur signaler leur stagnation. Dans la grande chaîne solidaire qu'ils forment au jour le jour, les uns poussent, les autres tirent. Et cahin-caha, tout ce petit monde avance.

Curieuse alchimie, forme matière, qui révèle l'esprit à lui-même. Ils sont plus calmes et plus conscients à mesure qu'ils progressent. Ils alimentent chaque jour un espoir plus grand dans leur effort tendu à se dépasser eux-mêmes. Ils ont tous les défauts et toutes les qualités, car ils font de leur défaut une qualité plus exigeante. Gourmands, ils deviennent gourmets, licencieux, ils deviennent raffinés... qualité redoublée... je suis l'enfant qui naît par toi. Les années passent sur leur corps sans les enlaidir, sans les marquer d'un refus de vie. La jeunesse intérieure de leur être ne fait que croître, comme s'ils acquéraient fraîcheur et innocence, dans leur voyage ininterrompu sur l'axe beauté-bonté-vérité. Ils conduisent une maîtrise de leur corps en même temps que celle de leurs passions. Ils s'extraient des tentations, des excès, ils s'inscrivent dans une mesure, dans un milieu qui est source de leur paix. Ils cherchent les joies élevées, celles de la chair et de l'esprit. Ils utilisent avec tant de discernement leur véhicule corps, qu'ils en connaissent les usages les plus raffinés, les plus plaisants, sans pourtant s'y attarder, les traversant pour

gagner des contrées où le corps n'est rien, et l'esprit est tout.
La planète « Vibrato » n'est pas une planète exemplaire, c'est une planète NORMALE. On y consacre un temps raisonnable aux exigences de la survie, on y développe les produits du confort, et on s'attache en particulier à multiplier les robots qui s'acquittent mieux et plus vite que l'homme de toutes les tâches répétitives. Toutes les maisons sont construites et livrées avec une quantité de robots qui simplifient la vie domestique. Les déplacements sont assurés par de petits véhicules silencieux, rapides, aériens et électriques. Pas de pollution de l'atmosphère. Les considérations d'ordre économique, telles que rentabilité, production, n'interviennent en aucun cas de manière primordiale. La pureté de l'air par contre est un objectif constant, tout comme celle des aliments. La qualité du mode de vie est envisagée comme le premier des biens. Et cette qualité signe santé, disponibilité, temps de vivre.
L'air, l'eau, les plantes et les fruits sont l'objet d'une préservation et d'un soin permanents. Toutes les techniques de conservation et de préparation alimentaires tentent de respecter au maximum la fraîcheur et le naturel des produits vivants. *Partout et toujours un respect de la vie.*
Personne ne s'attache à la possession de lieux ou d'objets en quantité déraisonnable. Il n'y a pas à proprement parler de riches et de pauvres au sens matériel du terme. Tout le monde dispose d'un certain nombre de robots et d'un lieu d'habitation. La différence réside dans l'intelligence de leur usage, dans l'imagination, la beauté et l'harmonie que chacun introduit dans sa vie. Et il y a des uns aux autres de considérables différences, du presque sordide au presque paradisiaque, du presque ascétique au presque luxueux. La beauté d'un lieu, d'un objet, d'un vêtement, signifie forme et couleur et non pas argent. Les matières premières quelles qu'elles soient restent d'un prix très abordable. Tout est dans la manière de les utiliser. L'art n'est pas commercialisé. Il s'exprime, c'est tout. Il y a beaucoup d'échanges et de trocs. La fête est permanente

sur la planète « Vibrato », car la fête est surtout dans les cœurs, surtout intérieure. On ne connaît pas véritablement les ennuis et les soucis, car c'est un stade inférieur d'appréhension de la vie qui a été écarté. Mais on connaît les difficultés d'une réalisation, la fièvre même d'un travail. On les traverse généralement en allant de l'avant. Pas de ces stagnations gémissantes et compliquées. Tout tient dans l'*état d'esprit.* Les habitants de la planète « Vibrato » ont éliminé de leur vie – du moins en grande partie – une tendance destructrice qui travaillerait souterrainement à l'envers de ce qu'ils entreprendraient au-dessus à l'endroit. Tant et si bien que rien ne leur devient impossible à partir du moment où ils l'ont décidé. Ils font les choses avec ordre et mesure parce qu'ils ont appris à respirer depuis leur plus jeune âge. Ils sont nés dans la joie car on apporte un soin très particulier aux conditions de la naissance : le nouveau-né ne doit pas subir de choc traumatique lors de son premier contact avec la respiration pulmonaire car c'est là un facteur de blocage névrotique pour son développement futur. Les enfants sont élevés collectivement et familialement, système double qui permet de neutraliser l'un par l'autre les inconvénients de chaque système vécu séparément. Car il a été reconnu que le collectif serait trop impersonnel, trop dénué de chaleur affective, alors que le familial serait névrotique et passionnel à force de rapports individuels. La *nature* joue un rôle important dans l'éducation des enfants. On leur donne les conditions d'une grande sensibilité à la vie végétale et animale. Ils s'imprègnent ainsi d'une vitalité à la fois physique et psychique, ils connaissent des sensations intenses par la liberté de leur vie dans les bois et les champs. Filles et garçons s'aiment aussi depuis l'enfance et très librement se choisissent affectivement et physiquement. Une initiation est cependant prévue à l'âge de la puberté de manière que l'acte sexuel soit compris dans toutes ses dimensions physiques et spirituelles, et pratiqué dans des conditions qui permettent son épanouissement. La meilleure garantie de ce passage est d'ailleurs donnée non pas par un rituel, mais par l'exemple des adultes et par la manière dont ils ennoblissent la sexualité dans leur propre vie. De l'inhumain au surhumain, chaque être qui s'incarne dans un corps de chair a à refaire le trajet, plus ou moins complètement, plus ou moins douloureusement, plus ou moins rapidement. L'éventail solaire a toutes les nuances de l'arc-en-ciel. Solitaire solidaire, si la vie sociale est très développée, chacun aime sa solitude et il serait inconcevable de ne pas disposer d'un espace personnel, retraduction du jardin secret dans lequel chacun est amené à faire la synthèse de sa construction intérieure. Il n'y a pas de temple ou d'église, mais différents lieux naturels ou artificiels, suffisamment vastes, où l'on se rassemble pour communiquer dans l'énergie spirituelle. Sur la base de cet objectif commun d'amélioration de soi, d'affinement et d'épuration, une confiance s'est instaurée. La surveillance qui s'exerce des uns aux autres est interindividuelle et il n'est pas besoin d'une police. L'ordre est intérieur à chacun avant d'être extérieur. Des gardiens interviennent mais ils ne sont pas nommément désignés, ils sont ceux de l'instant et ils peuvent passer par chacun.

Il s'agit donc d'un certain niveau de civilisation, d'un certain niveau de communication, tel qu'on en a rarement entendu parler dans l'histoire. Les êtres sont imprégnés de cette conviction que les mirages de la puissance sont à l'opposé des réalisations de la conscience. Ils apprennent dès leur plus jeune âge à en discerner les pièges, non pas par des critères extérieurs, par une rectitude intérieure. Cette pédagogie est infiniment différente de celle qui consiste à accumuler des informations et des connaissances. Elle est élévation constante d'un niveau de maturité et de jugement. La communication est comprise dans des nuances très délicates, avec l'aperception et le contrôle des tendances destructrices de l'autre et de soi-même, avec l'accès aux joies douces du cœur, compréhension, complicité, communion. Tu es cette autre partie de moi-même qu'il m'est donné de regarder alors même que je suis le prisonnier d'une forme. Je suis par toi des milliers de formes et je suis autre chose qu'une forme. Je navigue sur le rêve de l'existence et je retrouve les bribes du sens. Je reconstitue le puzzle pièce par pièce. Mon entier passe par tous les toi que je regarde, et l'unité est dans ce « Je » démultiplié au-delà des apparences. Ma vie est ailleurs, là où je ne suis pas, et pourtant elle est entièrement cet instant. Mon rire se fusionne à tous les rires, échos inlassablement répétés sur les miroirs infinis qui reflètent nos corps. Par-delà le miroir, je rejoins l'essence.

La planète « Vibrato » a un peuple doré et ses milliards de regards reflètent les étoiles.

Sur cette planète Terre qui est la nôtre, les choses ne vont pas aussi bien que sur la planète « Vibrato ».

Si l'on y trouve des reflets de ce qui vient d'être décrit, ce sont des reflets amoindris, médiocrisés. La grande majorité des Terriens s'adonne frénétiquement à la poursuite des biens matériels, à la satisfaction d'un pouvoir. L'engrenage s'est étendu à toute la machine sociale, et bien souvent ce n'est pas l'intérêt des humains qui gouverne les décisions économiques, mais le profit pour le profit. Cette inversion colossale ne passe pas totalement inaperçue, certains luttent pour redresser la situation, mais leur action représente une goutte d'eau dans la mer. L'aventure spirituelle se réfugie dans l'art, et encore, sous quelle forme abâtardie. Les corps des humains s'abîment vite, malgré et à cause de l'abondance de nourriture, les hôpitaux sont pleins, l'institution dite de Sécurité sociale qui couvre les frais de maladie est en déficit, et cette situation paraît à tout le monde normale. On s'habitue à vivre de plus en plus impotent, engourdi dans le manque d'exercice, le confort, les abus d'excitants, les nourritures trop riches. L'intellect culmine dans un humour désespéré et sophistiqué. Il y a pourtant un espoir. Ils sont quelques-uns à avoir encore des étoiles dans les yeux. Ils sont rarement malades. Ils développent ce qu'on appelle les médecines douces. Ils font plus confiance au pouvoir qu'a le corps de se régénérer lui-même qu'à l'usage brutal des médicaments. D'année en année cette forme de pensée, d'abord réduite à quelques marginaux, gagne du terrain. Des livres sont publiés. D'authentiques docteurs en médecine se convertissent aux médecines douces, renforçant ainsi une confiance du grand public. Certains jeunes se mettent à penser que les modèles destructeurs des adultes ne sont peut-être pas les seuls qu'on puisse adopter. Ils se tournent vers les livres qui parlent d'alimentation naturelle, ils pratiquent des sports, ils refusent l'usage du tabac et de l'alcool, ils s'intéressent à la connaissance de soi et à la méditation. Ils ont accès à un *futur vivant.* Ils expérimentent ce que c'est que de vivre avec un corps sain et souple, ils ont la liberté alors de répondre aux aspirations de leur âme. Ils ont accès à la dimension cosmique de leur incarnation sur cette terre et ils cherchent le sens de leur voyage. De moins jeunes se réveillent aussi de leur torpeur maladive et destructrice. Un sévère coup de semonce leur a été donné par une maladie, ils apprennent à se soigner, à se guérir par des méthodes naturelles, ils découvrent une autre forme de vie, et désormais l'adoptent.

On pourrait aussi établir *une ligne de partage* entre ceux qui respectent leur corps physique, qui l'entretiennent harmonieusement, et ceux qui sont lancés à plus ou moins longue échéance vers un délabrement de leur santé. Il y a ainsi des milliers de *malades chroniques,* qui s'ignorent ou qui dissimulent.

Il est même assez antinomique d'être *citadin* et en bonne santé. Mais enfin, bon an mal an, certains habitants des villes réussissent à trouver un équilibre malgré l'air vicié et le manque d'exercices. Leur corps n'en fonctionne pas moins au ralenti et leur joie de vivre aussi. Mais ils savent à certaines époques de l'année se replonger dans un bain de nature, s'épurer, retrouver une jeunesse de leurs cellules.

Ceux qui ont ce respect, ce souci de la vie qui est en eux, sont aussi souvent les mêmes qui se préoccupent de leur vie psychique et spirituelle. Ils ne se contentent pas de vivre l'infériorité routinière de l'humain, ils cherchent un passage vers un *perfectionnement de leur être* et progressivement ils accordent à cette tâche autant et plus d'énergie qu'à la conquête matérielle.

Entre ceux qui sont engloutis par la pesanteur matérielle et ceux qui se dirigent vers un allégement spirituel, il y a beaucoup d'indécis, beaucoup de potentiels, qui ne savent pas encore de quel côté ils vont basculer. C'est pour ceux-là que ce livre existe, véhiculant une énergie de transformation.

Si vous êtes de ceux qui veulent encore changer quelque chose, si vous ne pensez pas que tout est perdu pour vous, c'est que *vous êtes encore vivant, que le mot futur a pour vous un sens constructif.*

ALORS LISEZ CE LIVRE ET VIVEZ-LE.

2

Se sentir bien dans sa peau

Vous êtes-vous parfois demandé si vous vous *sentez bien dans votre peau?*

La peau est une enveloppe, révélatrice de la santé d'un corps. Elle doit être souple, douce, se détacher facilement de la chair quand on la prend entre le pouce et l'index. Elle respire par ses milliers de cellules et ses terminaisons nerveuses la mettent en relation avec tous les organes internes du corps. Connaissez-vous la peau de votre corps? Vous êtes-vous déjà caressé des pieds à la tête? Ne craignez pas d'être narcissique. Vous êtes incarné dans un corps de chair aux mécanismes extrêmement complexes et délicats. Le moins, c'est bien de s'y attarder un peu et de faire connaissance. Mettez-vous devant un miroir en pied. Déshabillez-vous et regardez-vous, sans sévérité, et sans complaisance. Regardez-vous très simplement, et acceptez-vous comme vous êtes, avec des petites jambes un peu lourdes, ou avec de grandes jambes trop minces, avec un buste étriqué, ou avec des épaules un peu voûtées. Attardez-vous sur ce qui vous plaît, la courbe d'un sein, ou la ligne du cou. Même si rien ne vous plaît, essayez d'être positif et d'entrer dans l'état d'esprit où vous vous reconnaissez, vous vous acceptez, vous « faites avec » pour le moment. Vous passez les mains sur votre corps, vous le détaillez du bout des doigts, vous le lissez doucement. Vous vous apercevrez vite que vous y prenez du plaisir. Votre corps est votre premier habitacle, il est en relation directe avec votre pensée intérieure. Il est matériel et il est pourtant susceptible d'être influencé par votre esprit. Vous pouvez décider tout de suite *de conquérir votre corps.* Il existe de *très grandes différences dans la manière d'habiter son corps.* Certains consacrent plusieurs heures de la journée à « faire une tournée » de leurs différents membres et organes pour les faire jouer, fonctionner, les maintenir en bon état, de souplesse et de circulation, les vivifier par leur attention volontaire. Ainsi le moindre doigt de pied reçoit quotidiennement sa visite de contrôle : c'est le cas notamment de ceux qu'on appelle les yogis. Le yoga vient d'Orient mais il connaît actuellement un grand renouveau en Occident. Cette discipline à la fois physique et spirituelle connaît bien des variantes selon les écoles et les professeurs, elle a de toute manière une indéniable efficacité, mais la plupart des gens se contentent de cohabiter avec leur corps dans une sorte de distance névrotique, malsaine et malheureuse. Ils ne se sont pas rendus maîtres de leur véhicule, pire même ils en sont les *esclaves.* Ils subissent ses besoins, ils s'agitent pour les exigences de leur survie physique, dans des conditions telles que la perte dépasse le gain. Leur travail, qui leur assure logement et nourriture, les fatigue et les use plus qu'il ne les entretient. Cette perte d'énergie qui vient d'une mauvaise évaluation de leur situation, et d'un abandon aux circonstances extérieures, les entraîne toujours plus loin d'eux-mêmes.

Quand on se fatigue trop dans une activité, on n'est pas *bien dans sa peau.* Et aucune activité ne mérite qu'on se fatigue trop. Tout est une question de rythme et la sagesse demande qu'on trouve une alternance travail-repos. Il suffit parfois de « souffler » dix minutes pour dépenser beaucoup moins d'énergie dans l'heure qui suit. « Je n'ai pas le temps », cette phrase leitmotiv est la traduction du piège. Tout le monde se prend trop au sérieux dans ce qu'il fait, au lieu de se prendre au sérieux dans ce qu'il est. On a toujours le temps de rester maître de soi-même et de l'économie de ses forces, c'est une question d'*état d'esprit.*

On ne retrouve pas en quelques instants la bonne habitude de savoir se ménager des temps de pause dans ses activités, surtout quand on a le goût de s'y jeter à « corps perdu ». Mais avez-vous déjà réfléchi à ce que sous-entend cette réflexion? On veut oublier son corps, oublier ses limites, lui imposer un rythme excessif au risque de le détruire et de le perdre. Cette histoire qui paraîtra peut-être banale à certains, cette histoire du rapport du corps et de l'esprit, *est la clef de voûte où achoppe tout le passage de cette civilisation.* Ceux qui refusent de s'y intéresser, ou pire qui en font un sujet de spéculation intellectuelle, témoignent à leur façon du *problème présent.* Le malaise est criant. Interrogez-vous, regardez autour de vous, quelle est la proportion de malades et de bien-portants, quels sont ceux qui ne sont pas prêts à s'étendre longuement sur telle ou telle forme de maladie qui les affecte?

Quelle sagesse attendre de dirigeants qui n'appliquent pas une bonne gestion de leur énergie? Car on peut poser la question de la façon suivante : *Comment gérez-vous votre énergie?*

Un capital vous a été laissé au départ, qu'en avez-vous fait? Le déséquilibre sévit à grande échelle. La scission vient de loin, d'une coupure entre corps et esprit, de la chair synonyme de péché. L'harmonie se situe dans la maîtrise du corps, mais non dans son refus, dans sa *négation.* Il semble que la vocation de l'esprit ait toujours été de faire entendre sa raison au corps, de lui imposer sa loi. Mais autant celui qui connaît bien sa machine, qui l'entretient, peut lui faire prendre des rythmes de performance et obtenir qu'elle obéisse à son injonction, autant celui qui l'utilise sans savoir, et qui la pousse à fond en toute ignorance risque de la voir se casser rapidement. Les êtres qui boivent, fument, mangent inconsidérément usent de leur corps au mépris de ses lois de régénération, ils doivent donc s'attendre à le voir rapidement se dégrader. Ils sont d'ailleurs les jouets d'une passion autodestructrice et ils courent vers un précipice, en se bouchant les yeux. Cette attitude *suicidaire* est bien plus répandue qu'il ne pourrait sembler au premier abord. Elle colore subrepticement beaucoup de comportements apparemment anodins, parce qu'entrés dans les habitudes sociales; la manière de manger, de boire, de se presser, de vivre dans le bruit et l'agitation, tous ces comportements sont aberrants et privés d'un sens réel. Simplement la machine sociale fonctionne ainsi et les individus préfèrent s'y laisser broyer plutôt que de tout repenser par eux-mêmes. Il est certes difficile de s'inscrire à contre-courant mais quand le vecteur d'inversion est aussi fondamental, il importe de réagir.

« Tout ce qui nous entoure peut nous rendre rapidement malade et affaibli, si nous n'en faisons pas un usage réévalué. » C'est tellement énorme et simple à la fois, que la plupart des gens se refusent à cette prise de conscience. Il est plus facile d'être comme tout le monde, de se laisser emporter par le courant d'engloutissement généralisé. « Être mal dans sa peau » devient une institution nationale, voire planétaire. Évidemment, c'est une solidarité comme une autre mais une solidarité sans espoir. Plutôt que de choisir la flèche descendante, il est encore possible de choisir la *flèche ascendante.* Un pas dans un sens entraîne un autre et il suffit de commencer. Il ne s'agit pas de se couper du reste du monde, mais de tout vivre dans un état d'esprit différent, en particulier choisir la *qualité* plutôt que la *quantité.*

Toute cette histoire est plus importante qu'il n'y paraît, parce que nos pensées elles-mêmes sont conditionnées par l'état de notre corps. Notre vision optimiste ou pessimiste des choses dépend de notre plus ou moins grande énergie de l'instant. Le même problème peut être résolu rapidement ou devenir une montagne. Plus fondamentalement, l'agressivité, la violence sont dictées par des déséquilibres avec soi-même. La paix ou la guerre se portent en soi avant de s'inscrire à l'extérieur. Tout responsable politique ou social, ou économique devrait d'abord répondre de ses rapports à son corps avant de recevoir une confiance dans ses fonctions.

Car son humeur et son efficacité sont aussi en relation avec l'état de son foie, sa capacité respiratoire, sa tension artérielle. S'il déteste son ventre bedonnant, s'il se sent alourdi après le déjeuner d'affaires, il saura d'une manière ou d'une autre se décharger de son malaise sur ceux qui sont sous ses ordres, qui se déchargeront à leur tour, etc., la chaîne de stress et de mauvaise vie n'est pas difficile à repérer.

Inversement, tous ceux qui ont conquis un rapport sain à leur corps ont aussi conquis une nouvelle vie. Ils mettent les choses à leur place. On aboutit d'ailleurs à ce paradoxe : pour avoir su s'intéresser à leur corps, ils ont moins à s'en occuper, moins à en parler que d'autres. Au bout d'un certain temps, ils fonctionnent sur un acquis qui leur demande tout au plus certains réajustements. Le fameux « Je n'ai pas le temps... de m'occuper de moi-même » se dénonce de lui-même. Quand on ne s'occupe pas de son corps, on tombe malade à plus ou moins longue échéance, plus ou moins gravement, et le temps nécessité par les soins est alors considérable. Il suffit de prêter attention aux conversations dans les lieux publics : une sur deux roule sur des problèmes de santé. De toute manière, le corps ne se laisse pas oublier, il sonne le rappel douloureusement.

Il y a aussi ces obsédés de l'hygiène de santé qui ne parlent que de régime, de yoga, etc.

Une telle attention, une telle importance données à son corps ne se justifient qu'au moment de la découverte d'une autre manière de vivre, s'y arrêter c'est tomber dans un autre piège, devenir les esclaves de soins qui ne demandent au bout du compte qu'une attention quotidienne de quelques instants. Les fanatiques du riz complet sont aussi dangereux pour leur foie que les fanatiques du pastis.

Se garder des excès, c'est savoir en toutes choses où s'arrêter. Le même aliment qui vous fera du bien vous rendra malade pris en trop grande quantité, de même pour n'importe quel exercice. Il faudrait établir un moment du *bon usage de toutes choses,* car rien en soi n'est *bon ni mauvais, tout dépend de l'usage qu'on en fait.*

Être bien dans sa peau n'est pas égal à être en bonne santé. Mais il est difficile d'être bien dans sa peau quand le corps est malade, car cette maladie est l'indication d'un désordre à la fois physique et psychique. Être bien dans sa peau, c'est s'accepter, s'aimer, offrir son visage au souffle du vent et respirer par tout son corps... plénitude d'être physique et psychique, accord fondamental avec soi-même. C'est le cadeau essentiel qu'on puisse se faire et faire aux autres si tant est que ce soit éducable et communicable. On pourrait parler de *centre de gravité.* Connaissez-vous votre centre de gravité, êtes-vous capable de vous y référer quand les événements vous font tourner comme des toupies à la périphérie? Tant qu'on est susceptible de se recentrer, on n'est pas vraiment en danger. Mais la plupart des gens ont perdu cette notion et cette possibilité de leur être, ils restent prisonniers d'un vortex qui les entraîne toujours plus loin d'eux-mêmes et ils flottent, incertains dans des zones de doute et de désespérance.

Le soleil de vie n'est pas le disque jaune de nos journées, le soleil de vie est intérieur.

3

Se prendre en charge...

Les Terriens *vivent souvent au quart de leur énergie,* ce qui ne veut pas dire qu'ils ne s'usent pas et n'abusent pas. Simplement, ils ne connaissent pas les lois de leur *véhicule biologique.* Ils se comportent de manière moins aberrante avec leur véhicule automobile, ils ne confondent pas huile et essence, ils respectent les besoins de leurs robots et ils savent que d'aussi grossières erreurs seraient catastrophiques. Il n'en est pas de même pour leur corps dont la plasticité certes est beaucoup plus grande.

Ils mangent n'importe quoi en n'importe quelle quantité et d'une façon générale, ils mangent trop, ce qui est aussi catastrophique que de ne pas manger assez. Ils surmènent et encrassent leur organisme à tel point qu'après quarante ans ils sont tous à moitié rouillés et bons pour la refonte. Ils se lancent alors dans une consommation massive de médicaments, et ils vivotent de longues années, de maladies en maladies, transformant la moitié de la planète en un vaste hôpital.

Ils ont des sciences et des techniques hypersophistiquées mais ils ne savent même pas traiter leur corps de manière à ce qu'il fonctionne correctement. On dirait qu'ils s'ingénient à le dérégler, qu'ils ne savent quoi inventer pour se détruire. Et peut-être est-ce là le fond du problème : les Terriens veulent tuer en eux cette énergie potentielle, parce qu'ils ne savent ni la diriger ni la canaliser, parce qu'ils ne veulent pas vivre, parce qu'ils ont perdu le sens de ce qui les guide dans l'action.

Au moins, la maladie, ça occupe, et ça permet d'échapper à des tas de choses indésirables. D'autant plus qu'ils se sont arrangés pour créer une sorte de mythologie de la maladie selon laquelle toute maladie vient de l'extérieur. Les microbes, les virus seraient les grands responsables, agresseurs et destructeurs du corps. Les malades apparaissent comme les victimes passives de ces offensives. Cette façon de voir les choses arrange apparemment tout le monde, médecins et malades. Les médecins, grands connaisseurs de microbes, arrivent avec leurs armes – médicaments pour triompher des invasions, les repousser victorieusement. Toujours passif, le malade est alors guéri. Cependant des voix se sont élevées pour protester contre ce statut qui sévit de manière généralisée. Ceux qui vivaient plus proches de leur organisme se sont insurgés contre ces conceptions. Tout d'abord, ils ont mis en doute cet usage systématique des médicaments. Ils ont aussi analysé la maladie moins comme une attaque venue de l'extérieur, que comme l'expression d'un langage intérieur, la traduction d'un désordre. Dans l'exposé du problème il y a déjà le germe de sa solution. Il faut laisser la crise se dérouler et donner à l'organisme des conditions favorables pour qu'il puisse exercer la fonction réparatrice. Un bon sommeil, de la chaleur, de la tranquillité, une nourriture simple et vitaminée, ou pas de nourriture du tout, sont les premières consignes à appliquer. Il faut faire confiance à la nature, et au besoin activer, solliciter les processus naturels d'élimination et de régénération. Les maladies sont généralement dues à des encrassements, et on sollicite les grands émonctoires que sont les reins et la peau.

Quand on a bien purifié, on peut revitaliser. Chacun doit constamment garder présents à l'esprit ces grands principes. Cette conception de la maladie *nous rend tous responsables de notre état de santé.* Il nous appartient de contrôler les processus de dégénérescence et de les retourner dans le sens du renouvellement. L'esprit a pouvoir sur la matière et la *prise en charge de son corps* en est l'application directe. Cette prise en charge n'est pas une mesure d'exception mais un comportement quotidien, une vigilance toujours en alerte. Si le système biologique a des fonctionnements automatiques, il n'en reste pas moins sous l'influence d'une partie plus volontaire. Il est possible d'envoyer à différentes parties de son corps des ondes bénéfiques, notamment dans les endroits qui se révèlent plus faibles. Mais c'est surtout *une attitude d'esprit à acquérir.* Vous qui lisez ces lignes, soyez très attentifs, car c'est là que se trouve la clef d'une *prévention efficace.* Tout se passe comme s'il était en notre pouvoir de nous programmer pour le meilleur de notre fonctionnement. On ne parvient évidemment pas à ce niveau de conscience en un jour. Il est important de comprendre et d'intégrer le fait que nous disposons intérieurement, intimement de ce pouvoir d'autorégulation. Évidemment, beaucoup de facteurs nous échappent pendant longtemps, mais ce voyage au cœur de son corps fait partie d'une maîtrise. Certains d'entre vous ne comprendront pas du tout, mais d'autres auront un déclic et amorceront lentement un travail de conquête de leur biologique. C'est à l'intérieur que ça se passe. Et les comportements extérieurs en sont progressivement modifiés. Quand on est responsable de son territoire, on s'efforce de le gérer intelligemment, de le faire fructifier, il en est de même pour son corps. Au lieu de s'adonner à la cigarette ininterrompue, on préfère s'offrir des bols d'air aussi souvent que possible en respirant quelques instants à la fenêtre ou en faisant une promenade. Au lieu de se précipiter sur des nourritures grasses, on se choisit des aliments de qualité et si possible on se donne le temps de manger tranquillement. Quand le travail n'est pas une fuite, on ne se tue pas au travail. On fait des haltes pour récupérer les périodes d'efforts. On ne se prive pas de sommeil plusieurs soirs de suite, on ne passe pas tous ses loisirs devant la télé, on ne s'abrutit pas d'alcools, etc. Autrement dit, on ne vit plus en complicité constante avec des plans d'abrutissement et de destruction.

La notion de *prise en charge de soi-même* est fondamentale. Vous connaissez tous de ces gens qui disent « moi, je ne pense qu'à aider les autres », vous pouvez aussi traduire « je ne pense qu'à me fuir moi-même », je ne supporte pas ma propre compagnie, je refuse de m'occuper de moi-même. Après des années d'erreurs et d'abus systématiques, la plupart des gens se retrouvent avec un corps affaibli, alourdi, un foie gonflé, des intestins paresseux, une mauvaise graisse. Ils décident un beau jour qu'ils vont faire quelque chose, qu'ils vont repartir dans le bon sens. Ce n'est évidemment pas si simple. Il faut aussi décider en soi la partie qui n'a pas envie de changer, pas envie de faire d'efforts. On regarde de tous côtés, on cherche à s'informer, on achète des livres, on se tourne vers des médecins. On parle avec les uns et les autres. C'est une phase difficile et décisive : on rencontre ou non les éléments qui vont être le moteur d'une transformation progressive. Il y a beaucoup de choses à apprendre et surtout à *assimiler.* Il faut commencer par un aspect. Il n'est pas facile de se familiariser seul avec de nouveaux types de comportements.

Un ami compétent se révèle souvent un guide sûr, ou bien encore un *médecin* devient un ami.

La première réforme importante passe souvent par la nourriture. Il y a beaucoup de choses à dire au sujet de l'alimentation et un chapitre spécial lui est consacré mais d'ores et déjà, on peut souligner la coloration passionnelle de cette question. Les calories ou les vitamines en sont l'aspect le plus extérieur. La nourriture a une valeur affective, elle nous réconforte physiquement et psychiquement. Elle est liée à des impressions d'enfance, elle nous enchaîne à des habitudes, des réponses toutes faites; nous lui demandons de remplir notre vide psychique et nous devenons boulimiques, nous la refusons au contraire parce que nous refusons la vie et c'est l'anorexie. Entre ces deux extrêmes se situent toutes sortes de nuances de comportement. Les névroses que les mères entretiennent sur la nourriture *se reportent, immanquablement, sur leurs enfants.* Pour se prendre en charge au niveau de la nourriture, il faut donc progressivement se dégager de ses attaches et de ses habitudes. C'est une période difficile parce qu'on y manque de *sécurité,* on accepte de voyager en terrain inconnu, on met en jeu son équilibre biologique, affectif et psychique, on touche à un aspect *racine* de son personnage. Réfléchissez longuement au rôle de sécurisation que joue la nourriture. Surprenez-vous avec la friandise de réconfort, le gâteau avalé à la hâte au coin d'une rue; mesurez l'importance que vous attachez à chaque repas. Êtes-vous capable de sauter un repas? Êtes-vous le maître de ce que vous mangez ou êtes-vous dominé par les besoins et les désirs du ventre? Êtes-vous de ceux pour qui les repas à heure fixe sont une nécessité absolue? Le repas est-il pour vous associé à une compagnie, est-il un acte social? Vous devez parvenir à un bilan précis, honnête, détaillé mais pas trop, de manière à reconsidérer l'ensemble de cette question. Tant que vous resterez en dessous de votre rapport à la nourriture, tant que vous aurez un comportement aveugle et névrosé, vous ne pourrez pas espérer vous prendre en charge. Vous n'aurez aucun contrôle sur vos entrées et sorties, donc sur votre équilibre. Vous serez ballottés entre des excès de toutes sortes et vous vous sentirez mal à l'aise. L'aliment demande à être compris, respecté, non dénaturé par les manipulations. Cette compréhension intime appartient déjà à une sagesse. Et *Naturel* et *Simplicité* en sont les règles. *Retrouvez le goût des aliments crus et frais.* Dans un premier temps, il vous faudra consacrer une grande attention à la nourriture mais, dans un second temps, vous aurez acquis un certain nombre de réflexes de choix qui vous permettront de ne plus en faire un problème. Plus de digestion difficile, plus de sensation de malaise, de lourdeur après le repas. Toute votre vie sera transformée par cet allégement. Il suffit de connaître et de respecter quelques grandes règles pour ne plus vivre au même niveau d'encrassement quotidien et de déséquilibre. Vous sauterez un repas sans problème, vous mangerez un seul et même aliment toute une journée, vous adopterez un jour de jeûne par semaine, vous ne serez plus « adicté » au besoin de nourriture. Vous n'aurez plus peur du vide de votre estomac. Regardez un peu autour de vous. Rares sont ceux qui, aujourd'hui, ne sont pas tenus par leurs habitudes alimentaires, surtout leurs mauvaises habitudes. Tabacs, alcools, graisses, viandes, mets trop riches sont la toile de fond de leur quotidien. Dans un tel cycle d'intoxication permanente, l'être est dépossédé de lui-même, le corps devient une enveloppe épaisse et imperméable, exigeante, qui ne se laisse plus traverser par des mobiles plus élevés. Les parties les plus matérielles monopolisent toute l'énergie pour leur plan. Coupé de ce qui lui donne un sens, l'être est malheureux, porté à l'autodestruction. Obéir à son avidité, c'est se perdre soi-même, se laisser glisser le long d'une pente descendante. Pour se prendre en main, il faut retraverser cette zone marécageuse des désirs et des passions, et se diriger résolument vers une autre gestion de soi. Passer d'un monde de désordre et de ténèbres à un monde d'ordre et de lumière. Le passage ne se fera pas en un seul jour, il y faut du temps, de l'application, du travail. Nous ne naissons pas égaux sur ce vecteur; certains ont déjà un goût inné pour leur épuration, d'autres sont « tenus » en quelque sorte par des passions inférieures et ils auront fort à faire pour s'en extirper. La civilisation d'abondance dans laquelle nous vivons ne facilite pas les choses : la sollicitation à la consommation est constante, l'invitation à la distraction et à l'activité fébrile projette toujours à l'extérieur. De moins en moins de personnes savent se tenir tranquillement avec elles-mêmes, en état de « recentration ». Faire le point.

Notre corps est comme un vaisseau qui voguerait sur la mer des événements de chaque jour. Pour nous qui l'habitons, il importe de ne pas le laisser dériver au gré des vagues, de le conduire dans les tempêtes, de réparer les dégâts éventuels, de l'amener à parcourir un certain trajet. Faire le point, c'est savoir d'où l'on vient, où on est, où on va. Connaître sa position dans l'instant. Celui qui se recentre quotidiennement est amené à faire son bilan des avaries et des bonheurs. Il peut mesurer où il en est physiquement et psychiquement, et réagir en connaissance de cause. Mieux vaut prévenir que guérir, et la vigilance est la clef de la prévention. On intervient sur un point faible décelé comme tel avant qu'il ne devienne une défaillance. Nous disposons en partie de ce pouvoir d'autorégénération si nous savons conquérir cet exercice de la prise en charge de nous-même. Cette conquête devrait s'être faite au moment de l'adolescence et rester un acquis dans une longue vie. Car celui qui conduit bien son corps évite souvent les tempêtes de la maladie, dispose d'un long temps de vie pour remplir le programme de son incarnation. Ce véhicule hypersophistiqué est étonnamment plastique et précis, et si les impulsions données vont dans le bon sens, il se montrera extrêmement docile et doué. Soyez de ceux qui s'aiment eux-mêmes. Votre corps a besoin d'amour et de soins. Que vos mains n'hésitent pas à s'attarder sur lui, elles ont un pouvoir, ces mains, elles transportent de l'énergie qu'elles peuvent donner à point nommé. Ne dites pas : « Je n'ai pas le temps. » Consacrer un peu d'attention à sa nourriture, à sa respiration, au jeu de ses muscles, c'est se situer au centre des problèmes; pourquoi courez-vous toute la journée, si ce n'est pour un peu d'argent qui est censé vous apporter les éléments de votre survie et de votre bien-être? Seulement, il y a une survie qui est toute proche de vous et qui ne vous demande pas d'aller à l'extérieur. Précisément parce qu'elle est si proche, vous ne pensez pas à la conquérir. Aucune installation coûteuse ne remplacera l'état d'esprit dans lequel vous accomplirez un geste. Toutes les philosophies l'ont dit : l'accumulation de l'avoir ne donne pas accès à l'être, les périphéries de l'extérieur tournent sans fin sur elles-mêmes sans conduire à l'intérieur, au centre.

Mais s'il est si intéressant de maîtriser la question du rapport au corps, à la santé, c'est que précisément le corps matière est intimement lié à l'esprit, et que la conquête de la sagesse du corps fait partie d'une conquête bien plus essentielle.

4

Devenir plus vivant...

La journée d'un homme vivant

Se lever tôt, se lever avec le soleil, et sortir si possible ou ouvrir sa fenêtre : respirer largement. C'est le premier acte de la vie, c'est le premier acte d'une journée : s'ouvrir aux bienfaits de l'air. Le petit déjeuner d'oxygène. Pendant la nuit, le corps au repos a accompli un certain nettoyage. Pour le parfaire, on passe dans la salle de bains. On inspecte sa langue, on la nettoie doucement avec une raclette de bois. On se nettoie le nez à l'eau fraîche ou tiède, éventuellement un peu salée. Ce nettoyage sera complet à la manière des yogis, en faisant couler de l'eau d'une narine dans l'autre, ou consistera simplement à respirer et rejeter de l'eau par chaque narine. On se brosse les dents avec un bon dentifrice naturel (par exemple à l'argile) ou avec un peu de sel marin. Pour nettoyer l'estomac, un grand verre d'eau fraîche avec une cuillère d'argile verte, ou bien un verre de jus de raisin, ou bien encore un verre de jus de citron, d'orange ou de pamplemousse fraîchement pressé.

Un bain de siège froid de deux à trois minutes tonifie le système nerveux.

La douche écossaise, chaude puis froide, apporte à tout l'organisme un regain d'énergie, et fortifie contre les infections. Elle est suivie d'une vigoureuse friction au gant de crin qui rougit la peau, et élimine les déchets en surface, les peaux mortes. Quelques gouttes d'huile essentielle parfumée (orange, citron, verveine, pin, rose, etc.) apportent leur bienfait et pénètrent rapidement dans la peau rougie. Un peu de crème hydratante soigne l'élasticité de la peau. *En une vingtaine de minutes, cette première mise en forme peut être terminée.* Vingt autres minutes seront alors consacrées à l'exercice : quelques postures de yoga ou des mouvements de culture physique, des respirations complètes, et quelques minutes de détente méditative pour se mettre en harmonie avec ce qui vous entoure.

Le petit déjeuner se composera, selon la saison, de fruits frais et de fromage blanc ou de pain complet avec du beurre végétal ou laitier. Comme boisson chaude, un thé de santé avec une plante de votre choix ou un café de céréales.

Des fruits frais ou secs peuvent être pris au cours de la matinée. Les repas seront pris de préférence dans le calme et le silence. En guise d'apéritif, un jus de légumes (carotte, chou) ou de fruits. Des crudités arrosées d'un jus de citron, d'une huile de première pression à froid, avec de l'ail et du persil, une pincée de gomasio, un filet de sauce de soja ou une cuillerée de levure. Tous les besoins en vitamines et sels minéraux sont ainsi couverts. Pour les protéines, on fera appel soit à des œufs frais cuits à la coque (1 ou 2 à la rigueur), soit à du fromage, soit à des céréales (blé, riz, sarrasin, boulghour, etc.) qui seront bien mastiqués. Les légumes de saison cuits à l'étouffée complètent éventuellement ce repas complet. Les desserts ne sont pas conseillés. On ne boira rien pendant le repas, mais on peut éventuellement prendre une tasse de thym ou de menthe après le repas. On doit sortir de table léger et bien nourri.

Le soir, en rentrant des activités diverses, il est important de savoir se donner une heure avant de se mettre à table pour le dîner. Une douche, une friction, quelques exercices de respiration, une relaxation. Le dîner sera léger et vitalisant, à base de légumes et de céréales, sans oublier de vitaliser ses aliments par l'addition de levure et de germe de blé.

L'homme vivant n'est pas frugal par ascèse mais par plaisir et par conviction. Il est plus gourmet que gourmand. Il goûte la qualité sans avoir besoin de quantité. Ses sens sont aiguisés et son goût lui permet d'accéder à des perceptions plus subtiles que celles des mangeurs de frites et de steaks. Il connaît les effets dévitalisants du café, du thé, du tabac, du sucre, de l'alcool. Il fuit les lieux enfumés et bruyants. Il pratique une propreté physique et psychique, intérieure et extérieure.

A chaque changement de saison, il pratique des jeûnes et des diètes pour désencrasser profondément son organisme.

Chaque jour, il reste vigilant pour ne pas s'engluer dans les habitudes. Il se crée un cadre de vie qui exprime l'image qu'il porte en lui. En vivant dans un lieu qui est en harmonie avec soi, on se donne le moyen de diminuer ses tensions, d'accroître ainsi son énergie dans toutes les cellules de son corps. Donnez-vous des moments pour rêver : imaginez quelles seraient pour vous les conditions idéales d'existence, maison, travail, amis. Cherchez à inscrire dans votre environnement certaines des choses que vous avez ainsi visualisées. Modifiez votre cadre, votre atmosphère, changez des détails, repeignez, installez une lumière nouvelle. Ou bien encore, mettez-vous en condition de transformer radicalement votre travail, votre maison, si tout cela ne vous convient plus. En tout cas, petites ou grandes, ces modifications dans le sens d'une adéquation à vous-même sont importantes. Traversez le champ de l'inertie, et intervenez sans relâche dans votre réalité quotidienne pour la rendre plus conforme à vos exigences.

L'homme vivant sait se ménager des moments de solitude, de bien-être, de relaxation, de méditation.

Au premier signe de fatigue, de tension, il sait « décrocher » de son activité : il envoie de l'énergie vers le point sensible ou il se baigne dans une énergie globale lumineuse. Il obtient ainsi un repos total et bénéfique en très peu de temps. Il reprend son activité avec plus d'entrain et d'efficacité. S'il se sent à nouveau fatigué, il se repose encore. De cette manière, il maintient son corps à un niveau d'énergie sain tout au long de la journée. Il a observé ses cycles repos-travail et son corps a appris à se maintenir ainsi de lui-même en bonne forme.

Quand il a la sensation que son corps va plus vite que son esprit ou inversement, il s'arrête presque toutes les heures pour une respiration de trente secondes. Son niveau d'énergie s'élève et il se sent mieux dans son corps.

Il doit déterminer où passe son énergie. Il écarte les déperditions que constituent des pensées parasites, des soucis personnels pendant un travail à accomplir. Il sait organiser son espace, le rendre fonctionnel. Il élimine les choses qu'il n'a pas envie de faire et il se concentre sur ce qui le stimule. Quand il doit quand même s'acquitter de tâches déplaisantes, il essaye de trouver un côté agréable.

Il pratique la détente instantanée par des exercices simples. Il ferme les yeux. Il fait quelques inspirations lentes et profondes par le ventre. A chaque inspiration, il imagine qu'il absorbe une énergie qui le régénère. En expirant, il se détend. Puis il visualise son corps comme devenant de plus en plus brillant, lumineux en partant de l'intérieur. Il reste quelques instants dans cette sensation. Puis il retourne à ses activités.

Le souffle

Le souffle est source de vie, le souffle est magique

On ne le dira jamais assez : RESPIREZ. C'est l'une des clefs de la liberté du corps et de l'esprit. Dans les précipitations d'une journée, *prenez le temps de souffler.* Dans le fonctionnement harmonieux d'un organisme, la respiration joue un rôle de premier plan. Il suffit d'être privé d'oxygène pendant quelques instants pour provoquer la mort des cellules cérébrales, alors qu'on peut rester plusieurs jours sans manger et sans dormir.

D'autre part, nous pouvons avoir une intervention consciente sur la respiration alors que nous ne pouvons intervenir sur les battements du cœur ou les sécrétions des hormones.

Pourtant, la respiration est normalement *placée sous le contrôle de centres nerveux situés dans le bulbe rachidien.* La respiration se situe donc aussi bien du côté du conscient que du côté de l'inconscient. Elle est une clef du fonctionnement humain. *Et, pour devenir plus vivant, il est essentiel de commencer à bien respirer, plus vivant de corps et d'esprit.*

Les Orientaux qui ont accordé une grande importance à la « science du respir » ne s'y sont pas trompés.

La respiration est un moyen privilégié dans la voie de la connaissance.

La respiration physiologique

Elle apporte à l'inspiration l'oxygène indispensable aux combustions cellulaires, elle expulse à l'expiration des produits toxiques engendrés par ces combustions.

L'air, inspiré par le nez, est filtré par les muqueuses, et conduit par la trachée dans les deux bronches. Les volumineux poumons formés de quelque 250 alvéoles au millimètre cube couvriraient, dépliés, près de 200 m². Les échanges se font au niveau des capillaires des alvéoles, et se continuent au niveau des cellules elles-mêmes. Si ce processus est automatique, le moment d'absorption de l'air est conscient, tout comme l'acte de manger. Il faudrait d'ailleurs goûter l'air comme on goûte une nourriture, et il y a de grandes différences dans la qualité de l'air.

80 g de poussière par km² à Paris, une tonne et demie de cendres à l'heure dans la banlieue parisienne,
88 000 bactéries par m³ d'air à la Concorde,
4 000 000 par m³ dans un grand magasin.

Comparez!

2 000 000 d'ions négatifs en montagne,
70 000 à la campagne,
150 en ville,
pour la stimulation de l'organisme.

Où que vous soyez, apprenez à goûter finement l'air que vous respirez. Quitte, si vous êtes en ville, à vaporiser des huiles essentielles et odorantes dans la pièce. Elles rechargeront d'ailleurs l'air en ions négatifs.

Mettez-vous nus dès que les conditions le permettent. La peau, en effet, est très perméable et elle élimine les toxines par la sudation, elle absorbe aussi l'oxygène et l'énergie électrique de l'atmosphère.

Pendant une activité ne comportant pas d'effort physique, nous n'utilisons que la moitié de notre capacité respiratoire. Dans une vie sédentaire, le mécanisme respiratoire s'atrophie et la machine s'encrasse. Car la respiration profonde favorise l'oxygénation et la circulation du sang, améliore les fonctions digestives, recharge les centres nerveux en énergie et favorise le sommeil. Elle stimule aussi l'activité intellectuelle, on se sent mieux dans sa peau, on devient plus sûr de soi... plus vivant.

Bref, vous voilà convaincus.

QUE FAIRE?

Il faut réintervenir consciemment et volontairement là où les choses se sont détériorées, amoindries.

Connaître et observer

Étendez-vous calmement, ne cherchez pas à modifier votre respiration. Laissez faire. Mettez votre main sur votre ventre et prenez conscience du mouvement de piston de votre diaphragme, des muscles qui se contractent et décontractent. Suivez le passage de l'air dans les narines. Participez ainsi pendant un quart d'heure au flux et au reflux qui parcourent votre corps.

Respirer avec le ventre

Le diaphragme agit à la manière d'un piston, il descend à l'inspiration et remonte à l'expiration. Trop souvent, son parcours est entravé par un foie trop gros, un estomac trop rempli d'air ou de nourriture, un intestin bloqué.

La respiration abdominale amène un flot d'énergie aux

organes vitaux et à tout le corps. Généralement, il faut réapprendre à respirer par l'abdomen. La plupart des gens ne respirent que par le haut de la poitrine et certains ont même un diaphragme bloqué à mi-course.

POUR AMÉLIORER LA SITUATION

Inspirez profondément et lentement

Expirez en contractant fortement les muscles du ventre de manière à soulever le diaphragme. Restez ainsi deux secondes.

Inspirez profondément et lentement.

Faites le ventre du loup

Allongé sur le dos, rétractez l'abdomen en inspirant à fond. Bloquez le souffle deux secondes. Expirez en relâchant lentement. Répétez 5 à 10 fois en augmentant la rétention jusqu'à 10 secondes.

Respirez avec le nez

Les narines sont trop souvent atrophiées, pincées, réduisant ainsi le volume d'air inspiré.

Pour améliorer la situation :

1. Mettez les doigts dans le nez! le petit doigt de préférence et tirez doucement vers l'extérieur en inspirant.
2. Étirez les narines à partir des pommettes en inspirant.
3. Rendez vos narines naturellement frémissantes.
4. Pour dégager une narine bouchée, couchez-vous sur le côté opposé et concentrez-vous sur la narine bouchée. Détendez-vous. Relevez-vous dès que l'air passe, sinon c'est l'autre narine qui se bouchera.

Pour les yogis, chaque narine joue un rôle particulier. IDA *est la narine gauche lunaire, rafraîchissante.* PINGALA, *la narine droite solaire, réchauffante.*

Il est recommandé de respirer la nuit par la narine droite, Pingala, en dormant sur le côté gauche. En cas de rhume, je vous conseille la douche nasale à l'eau salée, qui consiste à faire couler de l'eau salée d'une narine dans l'autre avec un récipient semblable à une théière.

La respiration alternée, très prisée des yogis, est aussi à retenir. On bouche la narine droite, on inspire par la narine gauche, on bloque les deux narines, on expire à droite, on inspire à droite, on bloque les deux narines, on expire à gauche, on inspire à gauche, on bloque les deux narines.

Pour lutter contre le froid

Faites une vingtaine de respirations avec la narine réchauffante Pingala. Inspirez, bloquez le souffle 3 secondes, expirez.

Pour lutter contre la colère

Inspirez en comptant trois. Bloquez le souffle. Expirez en comptant six. Bloquez les poumons vides. Inspirez 3, etc., pendant trois minutes.

Pour se recharger en énergie

On ferme les yeux, on prend quelques respirations très profondes et on imagine l'énergie de la lumière. On l'absorbe. Le corps devient plus détendu, plus lumineux. Quand on ouvre les yeux, on est plein d'énergie.

Pour se recentrer

Visualisez un point, cinq centimètres au-dessous du nombril. Si vous vous sentez énervé, tendu, dispersé, arrêtez-vous et concentrez-vous sur ce point. Envoyez votre souffle à cet endroit.

Pour nettoyer son aura

Respirez profondément, régulièrement. Visualisez la lumière qui entoure votre corps, nettoyez-la par la pensée, et par l'action du souffle, lissez-la, elle devient plus lumineuse, plus vibrante.

UNE PETITE MÉDITATION PAR LE SOUFFLE

On s'installe dans un endroit tranquille, on se met dans une pose confortable, en détente absolue, on demeure paisible sans avoir à se déplacer. La colonne vertébrale est parfaitement droite.

Le souffle est inhalé et exhalé par le nez, jamais par la bouche.

On centre son attention sur son front entre les deux yeux. Puis on suit le va-et-vient du souffle qui doit devenir de plus en plus lent.

Fermer les yeux. Se dire :

J'aspire longuement – 10 fois
J'expire longuement – 10 fois
J'aspire brièvement – 10 fois
J'expire brièvement – 10 fois

Pendant ces respirations, examiner l'inspir et l'expir. Suivre le trajet du souffle, sentir son passage sur la cloison nasale. Respirer doucement, aisément.

Puis laisser la respiration s'établir normalement.

5

Le sage gastronome

La nourriture est ce qui nous lie à l'animal, ce qui nous tient à l'inférieur. Elle est tout d'abord un besoin, elle se découvre une épreuve, et finit par se révéler possibilité d'évoluer. C'est toute la question du rapport au corps et de l'apprentissage à « chevaucher le tigre ».

Des terres cuites mésopotamiennes représentent les circonvolutions de l'intestin comme les méandres d'un labyrinthe. Le symbole est double, dans le labyrinthe on se perd ou on triomphe de la bête. C'est le mythe de la double nature de l'homme.

Qui domine quoi? Quoi nourrit qui? Là se situe le problème de la relation extérieur-intérieur et de l'harmonie du vivant.

L'évolution spirituelle s'accompagne corrélativement d'une évolution dans la manière de se nourrir. Ascèse ou sagesse, toutes les religions, toutes les confréries ont observé des règles alimentaires et préconisé le jeûne. Au niveau de la survie ou à celui de la puissance, à celui du cœur ou à celui de l'extase, la manière d'aborder la nourriture n'est pas la même. Dans l'éclairage alchimique, l'acte alimentaire trouve sa précision et les termes de la transmutation.

La nourriture c'est comme la base, les fondations de la maison, un lieu de purification primordiale et élémentaire.

Le sage gastronome : N'y a-t-il pas une opposition entre ces deux termes? La gastronomie, c'est le plaisir du palais porté à la dimension d'un art. Or, la sagesse est aussi art de vivre, donc art de manger. Certes, on peut être gastronome sans être sage, et sage sans être gastronome, mais l'union de ces deux qualités apporte une dimension très intéressante. Disons d'abord que la voie de la sagesse comporte bien des degrés, qu'elle signe modération et non pas toujours ascétisme. La gastronomie, elle, introduit le sens de la qualité et du raffinement. Le plaisir délicat et vital à la fois de manger de bonnes choses, sans en abuser aucunement, telle pourrait être la devise du sage gastronome. Pénétrant plus loin dans les arcanes de cette connaissance, on y découvrirait que la gastronomie ainsi comprise devient une appréciation subtile des produits de la nature, une attention reconnaissante, une communion. Il faut être à la fois celui *qui sait choisir,* éventuellement qui sait faire pousser et obtenir de beaux produits, et celui qui sait apprécier au moment où il les consomme.

Si vous réfléchissez à ce qui se passe autour de vous, vous vous apercevrez qu'il s'agit bien plutôt de goinfrerie généralisée, de grande bouffe, ou de remplissage d'estomac médiocre sinon dangereux. On ne mange pas au sens noble du terme. On « bouffe », du pain blanc, on se titille le palais avec du ketchup, de la moutarde, on « s'empiffre », on se « cale », on se « tape un steak », on « bâfre », toutes les expressions renvoient à la même dégringolade. On ne mange plus pour vivre, on mange pour se tuer à petit feu. Chaque repas devient le maillon d'une longue chaîne suicidaire. On ingurgite de la matière sans savoir à quoi ça correspond. *On remplit un vide,* n'importe comment et avec n'importe quoi. Aucune machine robotique ne résisterait à un tel traitement, chacune d'elle demande une alimentation bien précise. Plus plastique, la machine humaine accepte, s'adapte, proteste aussi à sa manière en se déréglant par-ci, par-là. C'est ainsi que les humains insouciants sont *pour la plupart aujourd'hui des malades chroniques.* Ils ne savent pas entretenir leur vaisseau biologique, ils ne sont ni sages ni gastronomes. Ils ne savent plus apprécier la saveur d'un bon fruit, le croquant d'une salade. Une nourriture trafiquée, dévitalisée, blanchie, consomme beaucoup d'énergie pour être assimilée, sans leur fournir des éléments vitaux. Trop en quantité, et de qualité plus que médiocre, la nourriture surmène les organismes, les encrasse, et les affaiblit.

Soyez conscients de participer à votre dévitalisation quotidienne. Le plaisir que vous prenez à vous retrouver deux fois par jour à table avec le déroulement d'un repas complet mal composé ne justifie pas cette déperdition qui vous conduira plus ou moins directement vers l'arsenal pharmaceutique.

LE SAVOIR NE SUFFIT PAS : savoir intellectuellement qu'on se comporte de façon aberrante ne suffit pas pour trouver *l'énergie de transformation.* Ne vous leurrez pas : il est très difficile de redonner les moyens de changer le niveau du rapport à son corps, d'élever son énergie vitale. Nous sommes tous terriblement englués dans une inertie, une pesanteur, une destruction qui nous fascine d'autant plus qu'elle est à l'œuvre tout autour de nous.

La manière de se nourrir physiquement est liée à la manière de se nourrir psychiquement et au niveau de conscience de chacun. Si vous pensez aux mystiques, aux sages, aux ermites de tous les temps, de toutes les religions, vous vous apercevrez qu'ils avaient, qu'ils ont un régime alimentaire bien particulier. Ils s'abstiennent généralement de viande, d'alcool, de produits fermentés, ils optent pour la simplicité, le naturel, la frugalité. Pas de nourriture échauffante ou excitante, une alimentation qui s'absorbe rapidement, facilement, sans une trop grande dépense, et qui apporte les éléments indispensables à l'entretien de la vie. Sauf dans le cas de l'ascète, cela ne signifie pas qu'ils tuent en eux tout plaisir à se nourrir. Ils mettent cet acte à leur place, *ils ne vivent pas pour manger, ils mangent pour vivre.* Ils disposent ainsi d'une liberté maximale par rapport à l'exigence de la matière. *Si nous sommes ce que nous mangeons,* il importe de ne pas absorber n'importe quoi n'importe comment. Quand on devient attentif à son fonctionnement intérieur, on est aussi conscient que toute chose est reliée à une certaine énergie, et on devient sélectif.

La purification du corps va de pair avec la purification des autres véhicules. En effet, ce corps physique bien visible et bien matériel n'est pas le seul dont nous disposons. Il y a aussi notre *corps astral,* et notre *corps éthérique* dont vous avez peut-être entendu parler dans des livres de parapsychologie ou des livres spirituels. Quoi qu'il en soit de votre connaissance ou de votre expérience en ce domaine, vous êtes en mesure de vous rendre compte qu'il y a bien des manières de se vivre à l'intérieur de ce corps physique. Et les différents troubles physiques sont souvent la traduction de troubles psychiques : il y a une interdépendance étroite entre la pensée et le corps, le psychisme et le corps, l'esprit et le corps. On retrouve le vieil adage : « Une âme saine dans un corps sain. » Propreté morale, propreté physique, propreté alimentaire.

Faites connaissance avec les aliments

LES FRUITS sont unanimement désignés comme les meilleurs aliments dans cette optique de pureté. Ils apportent leurs jus saturés de sels minéraux et de vitamines, et ne provoquent aucun encrassement. Fruits acides, fruits doux, vous apprendrez à les connaître, à les apprécier, à les mélanger judicieusement, vous les consommez au petit déjeuner à jeun. Vous êtes alors en mesure d'assimiler leurs qualités dans les meilleures conditions.

Nous verrons en détail les vertus de chaque fruit, mais plutôt que de vous référer à une connaissance analytique, laissez-vous guider par votre instinct, votre envie. Procurez-vous de beaux fruits sains de saison, assurez-vous qu'ils proviennent de cultures biologiques, lavez-les à l'eau fraîche et dégustez-les, peaux et pépins compris. N'oubliez pas. Les fruits sont une sorte de « sang végétal », *riches en vitamines et glucides, ils s'assimilent facilement. Ils sont les symboles d'une vie paradisiaque. Certaines personnes (on les appelle fruitariens) ont décidé de se nourrir exclusivement de fruits. Il semble que ce mode alimentaire soit viable. Il n'est cependant pas conseillé aux citadins, qui vivent en permanence un déséquilibre nerveux et une pollution de l'atmosphère. Par contre, il est possible d'envisager des monodiètes qui sont aussi des cures de désintoxication pour l'organisme. Manger pendant plusieurs jours des pommes crues et cuites peut être particulièrement bénéfique.* La cure de raisin est souveraine dans des cas de rhumatisme, d'arthrite, *etc., ou tout simplement pour se désintoxiquer et se revitaliser.*

Les fruits drainent les toxines d'une part, et d'autre part reminéralisent par leur richesse propre. Pensez toujours aux fruits avec reconnaissance, ils sont une source précieuse pour votre santé. Ils sont d'autant meilleurs qu'ils sont mangés dès qu'ils sont cueillis. Faites l'expérience d'aller manger des cerises sur un arbre, ou croquer une fraise dans le jardin, vous pourrez noter la différence avec les fruits que vous achèterez chez votre marchand.

Les travaux de Simoneton, dont nous reparlerons plus tard, ont mis en évidence le problème des radiations. *Un aliment est d'autant meilleur pour l'organisme qu'il lui communique davantage de radiations et la radiation maximale est toujours synonyme de* fraîcheur.

IL Y A DIFFÉRENTES SORTES DE FRUITS

Les fruits acides	**Les fruits doux**	**Les amylacés**	**Les oléagineux**
citron	figue	banane	amande
orange		châtaigne	noix
groseille			

Les fruits juteux sont désintoxicants, les fruits sucrés sont nourrissants, les fruits acides se consomment de préférence aux premières heures de la journée et en dehors des repas pour éviter les fermentations.

NE PAS...

couper les fruits avec un couteau en fer
faire tremper les fruits dans l'eau
cuire les fruits à plus de 60°

VOUS PERDRIEZ DE PRÉCIEUSES VITAMINES.

I. *Les fruits amylacés*

Châtaigne : beaucoup de sucres, un peu de protéines, nutritif et économique.

Banane : fraîche, elle a la valeur alimentaire d'un poids égal de viande. Bien la mastiquer; riche en vitamines C, B, B2, provitamine A, sels minéraux dont fer et magnésium. Peut se consommer écrasée avec un filet de citron.

II. *Les fruits oléagineux*

Arachide : riche en azote, graisses et amylacés, pauvre en cellulose. Contient des acides aminés (argirine, histidine, cystine, lysine). 50 % de graisses, 27 à 30 % de protides, 13 % de sucres, de la vitamine B 1. Consommable en cacahuètes ou en huile (mais l'huile d'arachide est souvent une huile d'extraction par solvants).

Olive : riche en sels minéraux (phosphore, potassium, calcium, magnésium, chlore, soufre, fer, cuivre, manganèse), vitamines. L'olive noire cueillie à maturité, séchée au soleil, et conservée dans l'huile est préférable à l'olive verte.

L'huile d'olive vierge, première pression à froid, est excellente.

Amande : 20 % de protides, 34 % de graisses. Le « confit d'amandes » est très nourrissant. 100 g d'amandes donnent 600 calories et sont très digestes. La diastase « émulsine » de l'amande aide la digestion des glucides. L'addition d'un peu de lait d'amandes rend plus digeste une bouillie de blé. Les pâtes d'amande sont utiles dans une cure de reminéralisation.

Cacao : la fève de cacao contient 50 % de beurre de cacao, elle est transformée en cacao, en poudre, puis en chocolat.

Se servir du chocolat avec prudence car il est générateur de purines, il est considéré comme un excitant et parfois comme un voleur de calcium. Déconseillé aux hépatiques.

Coco : noix très grasse. La graisse de coco est assez indigeste.

Noisettes : vitamines B1, B2, C, E. Sels minéraux, divers protides, lipides, glucides.

Noix : riche en vitamines et sels minéraux (notamment en zinc). On en tire l'huile de noix.

Pignons de pin : protides, graisses, sucres, très nourrissants, à consommer prudemment.

Avocat : frais et gras, riche en vitamines B1, B2, C, en sels minéraux il doit être consommé bien mûr.

Cajou : protéines, graisses et sucres. Graines riches en graisse.

III. *Les fruits aqueux*

Abricot : riche en sels minéraux, la matière colorante de la peau renferme de la carottine, substance active et vitalisante.

Ananas : substance apéritive naturelle. Le fruit frais contient de la papaïne, diastase dissolvant les protéines, « pepsine végétale ».

Argousier : riche en vitamine C. Existe en jus.

Cassis : vient après le persil pour sa richesse en vitamine C.

Cerise : lévulose, sels minéraux, métaux, vitamines A, B, C. Les cerises purifient, reminéralisent; diurétiques.

Citron : riche en citrate de chaux, potasse, soude, contient de l'acide malique, du saccharose, du sucre inverti, du fer, du phosphore. Pris le matin à jeun, il désintoxique, riche en vitamine C, il contient de la citrine ou vitamine P (52 g pour 100 g de jus). Désinfectant, antiscorbutique, antirhumatismal, diurétique, astringent, vermifuge, hépatique, antinévralgique.

Coing : il agit efficacement en cas de diarrhée, car il est astringent.

Datte : nourrissante par son sucre, elle contient également des vitamines A, B1, B2, du fer et surtout du magnésium. Préférer les dattes « sur la branche ».

Figue : riche en vitamine A, B, C, en sucre, en protéines, elle contient du fer, du manganèse, de la chaux, elle est très nourrissante surtout si elle a été séchée au soleil.
Elle se digère facilement et elle a un effet laxatif. C'est un bon aliment médicament pour foie congestionné.

Figue de Barbarie : riche en sucres.

Fraise : lévulose, sels minéraux, vitamine C, elle est tonique, revigorante, désintoxicante. L'intolérance aux fraises est un signe de toxémie.

Framboise : un peu les mêmes vertus que la fraise.

Groseille : un peu comme le cassis.

Grenade : riche en diastases et vitamines. Stimule les estomacs paresseux.

Kaki : très sucré, riche en vitamines, doit être mangé très mûr.

Mandarine : ressemble beaucoup à l'orange mais moins acide et moins riche en sels minéraux.

Melon : vitamines A et C. Rafraîchissant.

Mûre : vitamines A et C. Riche en huiles aromatiques aux vertus désinfectantes. Soigne les diarrhées et les affections des voies respiratoires.

Myrtille : riche en acides malique, citrique, tartrique, tanin, elle est astringente, antiseptique, reminéralisante. Elle améliore la vision nocturne.

Nèfle : sucres, tanins, vitamine B.

Orange : fruit acide. Sels minéraux, vitamines B et C. Fruit précieux en hiver à condition qu'il ne soit pas traité.

Pêche : vitamines A, B, C, sels minéraux abondants, diurétique et laxative.

Poire : sucre (lévulose), sels minéraux, vitamines A, B, C. Bien tolérée, dépurative et reminéralisante.

Pomme : sucre, sels minéraux, acide malique. Vivifiante, désintoxicante, elle recharge les réserves alcalines. Les cures de pommes crues désintoxiquent et calment l'intestin. On peut faire aussi une diète de pommes cuites sans sucre.

Prune : contient des sels minéraux. Laxative.

Pruneau : Désucré par trempage, il est laxatif.

Raisin : Le plus riche de tous les fruits en vitamines A, B, C. Il contient un peu de protéines et beaucoup de sels minéraux. C'est une sorte de supercarburant qui se convertit très rapidement en énergie. Il décongestionne le foie (1 à 2 kilos par jour). L'effet de la cure de raisin se rapproche du jeûne sans en présenter les désagréments. On appelle le jus de raisin « sérum vivant » ou « lait végétal ». 1 litre de jus de raisin contient toutes les vitamines d'assimilation, 200 g de sucre naturel, 5 g de sels minéraux dont potassium et phosphore, fournit 99 calories. La grande valeur énergétique du jus de raisin a permis de le comparer au lait de femme. Les raisins secs ont la même valeur nutritive. Le vin est un excitant, à considérer avec prudence.

LES LÉGUMES sont nos amis, ils nous désintoxiquent, nous nourrissent, nous minéralisent.

Ils nous apportent des éléments essentiels, « le sang vert de leur chlorophylle, la quintessence de ce qu'ils ont élaboré patiemment entre ciel et terre sous l'action du soleil ».

Ail : aliment médicament, il excite l'appétit, favorise la digestion, supprime les fermentations et les gaz intestinaux. Antiseptique, il préserve des maladies contagieuses. Dépuratif du sang, il favorise la circulation. Il est un remède contre les oxyures, on l'utilisera dans les préparations diverses, cru de préférence.

Artichaut : riche en vitamines A et B, la feuille d'artichaut est cholagogue, diurétique et laxative. L'artichaut ne doit pas être cuit trop longtemps à l'avance car il est un milieu de culture microbienne. On le mange cru en hors-d'œuvre ou cuit à l'étouffée à grande eau. Il contient du manganèse.

Asperge : vitamines A, B, C, manganèse, acide phosphorique; diurétique, elle soigne les maladies des reins et de la vessie. .

Aubergine : vitamines A, B, C.

Carotte : vitamines A, B, C, elle contient le carotène qui se transforme dans le foie en vitamine A. Elle soigne le foie dont elle fluidifie la bile. Le jus de carotte est fortifiant et dépuratif, il se consomme de préférence le matin à jeun. Il est un remède efficace dans la diarrhée des bébés. Il aide la croissance. Appliquée sur la peau, la carotte râpée facilite le renouvellement des cellules dans les cas de plaie ou d'eczéma.

Céleri : reminéralisant (soude, chaux, potasse), dépuratif, diurétique, aromatique, il se mange cru, en salade, dans la soupe ou en légumes. Le céleri contient des vitamines A, B et C.

Chou : riche en vitamines A, B1, B2, C, calcium, potassium, fer, iode, arsenic, cuivre, magnésium, chlorophylle. Il combat les ascaris, et stimule les fonctions intestinales. Les décoctions de feuilles de chou sucrées au miel sont utiles contre la toux. Les feuilles huilées et chauffées s'appliquent en cataplasme contre les douleurs. Il vaut mieux les consommer crus en salade ou cuits à l'étouffée. La cuisson dans l'eau en fait un aliment mort et indigeste. Le chou vert est préférable au chou rouge et au chou-fleur.

Chicorée : sauvage ou cultivée (scarole, frisée...), riche en vitamines A, B1, B2, C.

Choucroute : préparation de choux hachés et fermentés dans la saumure. La quantité de vitamines A, B et C est supérieure à celle des choux.

Citrouille : vitamines A, B1, B2, C, en tartes, soupes, crudités.

Concombre : vitamines A, B, B2, C et beaucoup de sels minéraux.

Courgette : légume vert, aqueux, qui contient quelques vitamines, il se consomme en « ratatouille », mais il est délicieux aussi cru et râpé.

Cresson : fer, iode, phosphore, vitamines A, B, B2 et surtout C. 3 % de sucre et du calcium.

Endive : inférieure à la salade verte mais contient tout de même des vitamines A et C.

Épinard : du fer, de l'iode, des vitamines A, B1, B2, C et beaucoup de chlorophylle. Peut devenir toxique si on le laisse à l'air libre trop longtemps.

Fenouil : propriétés aromatisantes, diurétiques.

Haricot vert : des sucres, des vitamines A, B, C, manganèse, soufre, chlore, acide phosphorique, calcium, magnésium, aluminium, cobalt, nickel.

Laitue : se consomme fraîchement cueillie, riche alors en vitamines et sels minéraux.

Mâche : riche en chlorophylle, excellente salade d'hiver.

Navet : 8 % de sucres, riche en calcium. A utiliser de préférence cru. On peut utiliser les feuilles de navet en salade. Elles sont riches en fer, cuivre, iode, vitamines A, B, C.

Pissenlit : draineur vésiculaire, diurétique énergique. Manganèse, soufre, fluor, cuivre, aluminium, acide phosphorique, calcium, vitamines A, B, C, notamment A. Consommer de jeunes pousses en crudités.

Poireau : 3,6 % de sucres, fer, magnésium, soufre, silice, potasse, vitamines A, B et surtout C. Diurétique. Se consomme en soupes et en tartes.

Radis : vitamines B et surtout C, magnésium et nombreux sels minéraux. On peut utiliser les feuilles de radis dans les soupes.

Tomate : ou « pomme d'amour ». Riche en acides minéraux divers. A consommer de préférence crue, elle contiendrait des amyloses qui faciliteraient la digestion des pâtes. Riche en vitamines A, B, C, D, surtout C. La congélation fait perdre 16,7 % de vitamine C et 24 heures de stockage après décongélation 86 % de vitamine C.

Une liste peut être fastidieuse, mais prenez l'habitude, quand vous consommez un légume, de vous informer sur ses richesses. Vous le considérerez alors non plus en fonction d'une appétence capricieuse mais d'une connaissance attentive et vous serez exigeant sur sa qualité.

LES CÉRÉALES sont liées à l'histoire de l'humanité. Leur importance a décru récemment avec l'augmentation du rôle de la viande. C'est pourtant un aliment énergétique, économique, qui assure un bon équilibre de l'organisme, *et auquel on reviendra probablement par nécessité. Dès aujourd'hui, soyez de ceux qui leur accordent une large place à table. Apprenez à les connaître.*

Blé : c'est la céréale par excellence de nos contrées. 12 % de protéines. On le consomme sous forme de *pain,* de farine dans les tartes et les pâtisseries, de pâtes alimentaires, de biscottes, de pain grillé, de biscuits. On l'apprécie aussi en flocons ou concassé (boulghour et pilpil) ou cuit en bouillie.

Orge : on l'utilise en flocons, en farine, ou en grains. Sa composition est voisine du froment. L'orge germée et séchée fait le malt qui favorise la digestion des amidons.

Avoine : on l'utilise en flocons. Un peu moins azotée que le blé, elle est plus grasse, plus minéralisée, riche en amidon et en vitamine B, en phosphates, en calcium et vitamine D. A consommer en petites quantités pour les sédentaires car elle contient des purines dangereuses.

Seigle : le pain de seigle est très apprécié, il est riche en gluten, légèrement laxatif, moins digestible que le pain de froment.

Sarrasin : trop méconnu, c'est une céréale complète contenant calcium, magnésium, phosphore, fluor, acides aminés, vitamine PP, c'est la céréale des hivers froids.

Millet : céréale riche en phosphore, magnésium, fer, silice, fluor, manganèse, vitamines A et B; elle s'assimile facilement.

Maïs : il est énergétique, grâce à sa richesse en hydrates de carbone, il ne peut pourtant constituer la base d'une alimentation car il est pauvre en tryptophane et en vitamine PP.

Riz : il faut distinguer riz blanc et riz complet. Le riz blanc subit un décorticage, un blanchiment, un polissage, un glaçage (par enrobage dans l'amidon, le glucose ou le talc). Il faut savoir que ce traitement enlève au riz toutes ses vitamines. Le riz complet est un excellent aliment. Il contient moins de soufre et de fer que le blé, mais il renferme tous les autres éléments et présente l'avantage de ne pas encrasser l'organisme. On peut faire une cure de riz complet (8 jours) pour se désintoxiquer.

LES LÉGUMINEUSES sont riches en protides, pauvres en graisses (sauf soja et sésame), riches en phosphore et en magnésium, et en fer pour les lentilles et les fèves. Si elles sont nourrissantes, elles ne sont pas toujours faciles à digérer. Elles sont génératrices de purines. Il faut les faire tremper plusieurs heures avant la cuisson, les cuire deux heures et bien les mastiquer. Les légumineuses seraient à utiliser avec précaution pour les sédentaires, les arthritiques, les hépatiques.

Haricots : frais, ils sont bien tolérés, secs ils demandent des systèmes digestifs plus robustes.
Petits pois : frais, ils sont excellents. En conserve, à utiliser très modérément.
Fèves : crues ou cuites, mais risque d'intolérance.
Pois chiches : à utiliser avec modération.
Soja : aliment de base en Mandchourie et Chine du Nord, très nutritif, riche en protéines, mais de digestion laborieuse. Dans le régime macrobiotique, on utilise une pâte de soja salée (le miso) en tartine et une sauce-condiment (le tamari). L'usage du soja doit cependant tenir compte du danger de ses purines.
Lentilles : les moins fermentescibles et les plus digestibles des légumes secs. Riches en fer.
Pois cassés : légendairement indigestes.
Sésame : en Inde, il signifie longévité, puissance, équilibre endocrinien. Il est riche en protéines, acides aminés, lécithine, et contient même de la vitamine B12. Riche en graisses. Dans le régime macrobiotique, on consomme les graines de sésame grillées avec du sel marin et broyées finement (gomasio), on les utilise comme condiment pour légumes et céréales.

LES TUBERCULES

Pomme de terre : riche en amidon et vitamine C, très fragile à la cuisson. La préparation qui lui permet de conserver ses propriétés est la cuisson dans la cendre ou le four. Une adjonction de lait et de beurre faciliterait l'assimilation des protides et des glucides de la pomme de terre.
Choisir des pommes de terre à chair ferme, non farineuses.
Manioc : sous forme de tapioca, il est pauvre en protéines; mais utilisé dans l'alimentation enfantine.

Patate douce : même valeur que la pomme de terre.
Topinambour : goût d'artichaut et semblable par sa composition à la pomme de terre.

LE PAIN. Pain blanc ou pain complet? Le pain blanc déminéralise, disent les uns, le pain complet est trop riche, disent les autres. Incontestablement le pain blanc contient beaucoup d'hydrates de carbone, mais peu ou pas d'autres éléments essentiels. Il est donc très incomplet. Il est flatteur au goût, mais il devient mou rapidement, puis il durcit, on le retrouve facilement dans les poubelles. En perdant de sa qualité, le pain a perdu ce droit au respect qui le caractérisait. Tout le problème se situe au niveau de la farine qui, blanchie, perd la majeure partie de ses qualités nutritives. C'est en effet dans l'enveloppe qu'éliminent les procédés de la meunerie que se trouvent les vitamines, sels minéraux et diastases. Les procédés de fabrication actuelle du pain sont aussi en cause : levure chimique, fours polluants. La plupart des boulangeries fabriquent aujourd'hui un pain de seigle et un pain dit complet qui s'offrent de satisfaire un « retour au brun », « retour au brut ». Après le luxe du blanc, le luxe du brun. Mais ces pains n'ont pas toujours une meilleure valeur alimentaire : les farines employées sont parfois de mauvaise qualité, et les modes de préparation, de cuisson restent insastisfaisants. Seules les boulangeries Lemaire ou les dépôts des magasins spécialisés comme La Vie claire assurent des pains fabriqués avec de la farine biologique, font usage de levain, et de fours soit traditionnels, soit équipés dans une conception écologique.

Ne vous laissez pas abuser par la mode du complet.

FAIRE SON PAIN... SOI-MÊME

A condition de disposer d'un peu de temps et d'un bon four, on peut faire son pain soi-même.

On achète de la farine complète, la plus fraîche possible ou mieux encore, on la moud soi-même. On peut la tamiser légèrement pour enlever une partie du gros son et obtenir une farine à 90 %. Pour la préparation du levain, il faut pétrir un peu de farine avec de l'eau et du sel, et laisser cette pâte deux à trois jours dans une température douce à l'abri des courants d'air. Ensuite, on conserve un peu de pâte d'une fois sur l'autre. Au moment d'utiliser le levain, on ajoute un peu d'eau tiède, on le pétrit avec un peu de farine, trois ou quatre heures avant de faire le pain. Puis on délaie encore dans l'eau tiède, on ajoute farine et sel, on pétrit. La pâte

« se travaille » environ trois quarts d'heure. On la laisse reposer quelques heures. Elle est prête à cuire. La cuisson demande 30 à 40 minutes. Le pain est cuit quand la pâte n'adhère plus sur la lame qu'on enfonce au centre. Un pain bien fait se conserve huit jours.

Consommez-le en quantités raisonnables et mâchez-le bien.

L'ŒUF. Il est complet, riche en protides, lipides, vitamines A et D, sels minéraux, fer et phosphore. Il se consomme seul ou incorporé à d'autres aliments. Il est bien toléré à condition de surveiller sa fraîcheur, et son mode de préparation.

A la coque, dur ou poché, il reste naturel, cuit avec des graisses, il devient plus indigeste. Il vaut mieux le consommer le matin ou à midi. Quand il entre dans la composition de plats compliqués, il peut être mal toléré.

On peut manger deux à trois œufs par semaine ou même un œuf par jour si on est végétarien.

LE FROMAGE. Il semble que le lait ne soit pas un aliment qui convienne à l'organisme adulte tel quel. Il demande à être transformé, caillé par la présure et, devenu fromage blanc, il est un aliment de premier choix, riche en protéines. On peut l'assaisonner de persil et d'ail, ou encore le prendre au dessert avec un peu de miel.

Les fromages de chèvre sont d'excellents fromages.

Les fromages les plus recommandés sont les coulommiers, la tomme de Savoie, le saint-nectaire, le gruyère, le comté, l'emmenthal, le hollande sec, puis le cantal, le Port-Salut, le saint-paulin, le Bonbel et le parmesan pour l'assaisonnement.

Les fromages bleus (moisis) ne seront consommés qu'exceptionnellement parce qu'ils entraînent des fermentations.

Les fromages à pâte molle (camembert, brie, etc.) contiennent 5 à 10 fois moins de calcium que les fromages à pâte dure (saint-nectaire, tomme, etc.).

Les fromages à égouttage lent (camembert, brie, coulommiers) sont plus digestes que les fromages à égouttage rapide (carré de l'Est, livarot, maroilles, pont-l'évêque).

Le Port-Salut, le saint-paulin et le Bonbel sont à pâte mi-dure. Ils sont moins vitalisants.

Les fromages fondus dits « crème de gruyère » sont considérés comme des aliments morts et indigestes, à cause de leur cuisson prolongée.

FAIRE... SES YAOURTS SOI-MÊME

Il faut 120 cl d'eau, 30 cl de poudre de lait, une boîte de lait concentré entier, du ferment lactique ou 3 cuillerées à soupe de yaourt.

Ce mélange est introduit dans les gobelets d'une yaourtière ou dans des verres au bain-marie avec de l'eau chaude maintenue à 40° pendant 4 heures. On peut manger le yaourt nature, ou transformé en glace, mélangé à du jus d'orange. On peut aussi l'accompagner de fruits frais, de compotes.

Ce yaourt maison comporte deux fois plus de calcium, de protéines et de vitamines B2 que le yaourt commercial. En cas de yaourtière en verre, recouvrir avec un torchon, car la vitamine B2 est détruite par la lumière.

LA VIANDE. Il y a de nombreux partisans d'une consommation régulière de viande, il y a aussi des détracteurs.

Pour certains, elle est « la » source de protéines, pour d'autres elle est plus stimulante que véritablement énergétique. Elle est accusée de produire de la sclérose, de l'insuffisance hépatique et rénale, de l'acide urique, de l'artériosclérose, de provoquer un vieillissement prématuré, de constiper... Au-delà de ces arguments d'hygiène, on trouve dans toutes les religions des restrictions sur son usage, et un niveau spirituel développé ne semble pas pouvoir aller de pair avec un régime carné. Signalons encore que la viande n'est pas un aliment complet malgré sa richesse en protéines, car elle est pauvre en calcium et ses vitamines sont détruites par la cuisson. Les viandes les plus faciles à digérer sont les moins grasses, leur qualité dépend de la manière dont les animaux ont été nourris... et abattus. Dans les conditions actuelles, la manière dont la viande arrive à la vente incite à la consommer avec prudence. D'un point de vue diététique, ceux qui tiennent à manger de la viande par goût, ou parce qu'ils sont accrochés au mythe « la viande, ça donne des forces », auront une alimentation à tendance végétarienne avec une consommation limitée de viande.

LE POISSON contient 15 à 20 % de protéines, du phosphore, de l'iode, mais peu de calcium, de fer et de vitamines.

Très putrescible, il demande à être consommé très frais.

On distingue les *poissons à chair maigre,* plus digestes : sole, merlan, turbot, carpe, brochet, truite, rouget, flétan, aiglefin, etc., *et les poissons à chair grasse,* anguille, maquereau, thon, saumon, hareng, raie, daurade, sardine.

MOLLUSQUES ET CRUSTACÉS

Huîtres : contiennent des nucléoprotides, du fer, de l'iode, du phosphore; elles excitent l'appétit mais indisposent parfois le foie. Le jus de citron détruit certains germes.
Moules : la cuisson diminue les risques de contamination bactérienne. Les manger en hiver.
Homards, langoustes, crevettes, écrevisses : pas de graisse, beaucoup de phosphore, peu de calcium, de fer et de vitamines.

La pollution des mers rend tous ces aliments assez douteux.

LES LIPIDES. Deux problèmes majeurs : *Ne pas en consommer en excès car ils sont dangereux* pour la ligne et pour la santé. Ne pas consommer des matières grasses de mauvaise qualité.

Ils fournissent des calories, et ils sont indispensables au bon fonctionnement de l'organisme, notamment à la production de la bile. Au cours de la digestion, ces graisses sont transformées en glycémie et en acides gras. Les acides gras indispensables sont fournis par les huiles végétales, de première pression à froid, non traitées, non hydrogénées.

– huile d'olive vierge extra, première pression à froid.
– huile de tournesol.
– huile de sésame.
– huile de noix.

Toutes les autres huiles sont douteuses et à éviter.

La consommation des graisses rances risque de produire des déficits vitaminiques = attention au beurre rance, au germe de blé altéré, aux aliments conditionnés, fonds de tarte et gâteaux assortis,

A SAVOIR... LA COMPOSITION DES ALIMENTS

Les sources de protéines

Farine de soja	200 ml	60 g
Farine de blé complète	200 ml	8 à 12 g
Farine de blé blanche	200 ml	6 à 10 g
Germe de blé	100 ml	24 g
Levure de bière	100 ml	50 g
Lait en poudre écrémé	130 ml	18 g
Œuf	1	6 g
Lait frais	1 litre	32 à 35 g
Fromage blanc	100 ml	20 g
Gruyère	30 g	10 à 12 g
Beurre de cacahuète	2 cuillerées à soupe	9 g
Flocons de céréales	200 ml	1 à 3 g
Haricots	200 ml	6 à 8 g
Macaronis, nouilles, riz	150 ml	3 à 4 g
Pain	1 tranche	2 g
Noix	100 ml	14 à 22 g
Viande, poisson, volaille	100 g	10 à 22 g

Les adolescents ont besoin de 80 à 100 g de protéines par jour. Les adultes oscillent autour de 70 g.

On peut aller jusqu'à 150 g sans inconvénients dans un régime hyperprotéinique.

Dans toutes les protéines, les plus concentrées et les moins chères se trouvent dans la levure de bière, le lait en poudre écrémé, le germe de blé, la farine de soja.

POUR LE VÉGÉTARIEN

500 g de pain complet
450 g de blé complet
450 g d'avoine
300 g de noix
225 g d'amandes
600 g de riz complet
150 g de fromage blanc

sont susceptibles de couvrir approximativement les besoins journaliers en protéines.

pommes chips, popcorn, noix salées, poudres de noix et autres denrées ayant séjourné longtemps dans les supermarchés.

Dans les pays dits « riches », la consommation des graisses a doublé au cours du siècle, ce qui n'est pas étranger aux développements des maladies cardiaques et des obésités. Attention aux hamburgers graisseux et aux frites!

Il faut éviter les matières grasses hydrogénées, les fromages industriels, les graisses saturées, les fritures dans ces graisses, les viandes grasses.

Au contraire, on consommera des sources de graisse un peu plus « cachée », avec le fromage frais, le jaune d'œuf, l'avocat, la noix, le beurre de cacahuète, les viandes maigres, les poissons et les volailles. Trois cuillerées à café d'huile végétale par jour sont à conseiller.

LES GLUCIDES OU HYDRATES DE CARBONE

Ni pas assez

L'insuffisance de glucides entraîne des fatigues, des faiblesses, des oppressions, des troubles cardiaques.

Ni trop

Taux minimal : 0,8 g par litre de sang
Taux maximal : 1,4 g par litre de sang.

L'excès se traduit par le diabète, les dermatoses, la cirrhose, le cancer...

Le problème actuel de cette civilisation est le TROP. Il y a un véritable déluge de sucre dans les aliments, notamment d'une manière cachée. On peut n'avoir mis aucun morceau de sucre dans ses boissons et avoir néanmoins consommé plus de 200 g de sucre au cours de la journée.

Chaque verre de jus de fruit, de boisson gazeuse, de Coca-Cola, de cidre, de vin, d'alcools divers, chaque portion de gâteau, de glace, de crème, de fruits au sirop apportent l'équivalent d'une à deux cuillerées à soupe de sucre.

Presque tous les aliments apportent du sucre naturel ou potentiel sous une forme ou sous une autre :

Les fruits apportent glucose et fructose qui pénètrent directement

dans le sang sans subir de transformation. Le sucre du jus d'orange par exemple pris au petit déjeuner arrive dans le sang trois à quatre minutes après l'absorption.
Le saccharose se trouve dans les fruits et les légumes à l'état naturel.
Les céréales procurent des sucres indirects, les amidons.
Le miel est la source la plus riche et la plus assimilable (lévulose).
Le sucre roux ou blanc de betterave ou de canne est totalement à déconseiller d'un strict point de vue diététique, car les aliments nous fournissent suffisamment de sucre naturel.

Si on tient néanmoins à en consommer, on préférera le « vrai » sucre roux, celui qui n'a pas été blanchi puis recoloré, car il s'assimile à moindres frais, et ne dévitalise pas comme le sucre blanc.

Certains auteurs aux formules lapidaires n'hésitent pas à qualifier le sucre blanc de *« poison »*.

Essayez de comprendre de l'intérieur l'action du sucre sur votre organisme et votre énergie.

Les sucres industriels sont qualifiés d'irritants : ils fatiguent le foie et le pancréas, ils entretiennent le parasitisme intestinal, ils constipent, ils contribuent à la carie dentaire et à la décalcification.

Seuls ceux qui le brûlent par une intense activité physique peuvent le consommer sans danger.

LES VITAMINES. Elles sont indispensables à la vie des cellules. Elles fonctionnent toutes ensemble et il faut bien se pénétrer de l'idée que les considérer séparément, c'est fausser leur fonctionnement. On peut parler d'une carence en telle ou telle vitamine mais pour y remédier, il faudra souvent recourir à un apport plus complexe qui tiendra compte du mécanisme d'assimilation. Il semble que toutes les familles disposent à l'heure actuelle d'un nombre très varié de produits frais, aucune carence ne devrait donc être enregistrée sur la moyenne des individus. Or il n'en est rien, parce que la qualité des produits agricoles ne cesse de baisser étant donné les méthodes de culture et l'appauvrissement des sols. D'autre part, les manipulations diverses, stockage, transport, abaissent considérablement la qualité et la fraîcheur des produits.

Les habitudes alimentaires ne favorisent pas un apport maximal de vitamines. On mange trop peu de fruits, ou on les mange à la fin du repas, et on les assimile mal. On fait trop cuire les légumes, et on jette les eaux de cuisson riches en éléments nutritifs; on boit trop de café, de thé, d'alcool, ce qui est nuisible à l'assimilation des vitamines. Enfin, on vit dans des conditions de « stress » répétés sinon permanents, ce qui consomme énormément de réserves de vitamines.

Les déficiences en vitamine A sont très courantes, elles affectent la vision, notamment la vision de nuit qui devient problématique. Dans les cas bénins, des rétablissements peuvent se produire au bout d'une heure après des ingestions de 50 000 à 100 000 unités de vitamines A.

Ne pas oublier que les vitamines E aident l'assimilation de la vitamine A.

Les vitamines du complexe B se trouvent en abondance dans les céréales complètes. En revanche, pain blanc, riz blanc, etc., en sont totalement dépourvus. Quand on n'a aucune carence en vitamine B, on a une langue rose, lissée sur les bords, avec de petites papilles uniformes. Quand les papilles s'élargissent jusqu'à former des craquelures, il y a signe certain de carence. De même quand la langue s'épaissit. Si vous avez les yeux qui s'injectent facilement, prenez de la vitamine B2.

Sachez aussi que toutes les vitamines B agissent en synergie : l'apport d'une seule ou d'un complexe incomplet accroît les besoins de celles qui ne sont pas fournies. *Lisez les étiquettes.*

L'hydrogénation détruit la vitamine E et l'acide linoléique; lisez les étiquettes avec attention et évitez tout ce qui est hydrogéné, homogénéisé.

Pour fixer le calcium : faire attention au rapport phosphore/magnésium/calcium. Le lait (riche en calcium) se trouvera bien d'une adjonction de germe de blé (riche en phosphore).

Plus vous mangez, plus vous vous fatiguez, moins vous dormez et plus vos besoins en vitamines B augmentent.

Si vous êtes stressés, mangez beaucoup de levure, de yaourt, de germes de blé, de foie, et prenez des comprimés de vitamines B.

Attention aux excès de liquide : il y aurait déperdition de vitamines B dans les urines en cas de trop grande absorption de thé ou de café.

Les boissons alcoolisées accroissent les besoins en vitamines B de l'organisme car ces vitamines sont indispensables pour la transformation de l'alcool dans l'organisme.

En cas de maladie infectieuse, la vitamine C est un auxiliaire précieux. Son apport doit être de vingt à quarante fois supérieur à la dose normale, pour que les tissus disposent de la même proportion qu'en période de santé.

Quand on souffre d'insomnie, on peut essayer des comprimés de calcium, ils se révèlent aussi efficaces et beaucoup moins dangereux que les sédatifs.

Quand un adolescent devient irascible, pensez au calcium, à la vitamine D.

Ne pas prendre de calcium sans penser au magnésium.

LISTE DES VITAMINES

Elles sont quotidiennement nécessaires à des doses minimes, elles agissent comme catalyseurs du travail cellulaire. Elles sont souvent très fragiles. Les différents procédés de conservation (stérilisation, ébullition, pasteurisation, réfrigération) ne leur sont pas favorables. Il peut y avoir carence par insuffisance d'apport dans une alimentation trop à base de produits de conserves, mais aussi carence par détérioration du tube digestif et impossibilité d'assimiler.

Vitamine A : on la trouve dans le persil, l'huile de foie de morue, le pissenlit, la chicorée, l'endive, l'oseille, le beurre, la carotte, les céréales complètes, l'abricot, le pruneau, le fromage, le jaune d'œuf, le foie.
Les besoins sont satisfaits à titre d'exemple par 100 g de carotte ou 50 g de beurre, etc.
A noter que la vitamine A est détruite par l'huile de friture employée plusieurs fois.
C'est une vitamine de croissance, elle régularise les fonctions respiratoires, stimule la résistance aux maladies, retarde le vieillisement, préside à la santé des yeux, de la peau, des ongles, et des cheveux, elle évite l'anxiété, l'insomnie, les maux de tête...

Vitamine B1 : se trouve dans la levure, l'arachide, le germe de blé, le soja, les céréales complètes, les algues, la noisette, la noix, la châtaigne, les œufs, le miel, la plupart des légumes et fruits frais. Les besoins sont couverts par 150 g de flocons d'avoine, ou 30 g de germe de blé ou 55 g de levure alimentaire. Elle intervient dans l'utilisation des glucides.

Vitamine B2 : les sources les plus riches sont la levure, le poisson et le lait en poudre mais elle est largement répandue dans le monde végétal et animal.

La vitamine B2 est un transporteur d'oxygène dans la respiration cellulaire.

La carence se signale notamment par l'apparition de vaisseaux sanguins sur la cornée.

Vitamine B3 ou PP : se rencontre dans les germes de blé, les choux, le jus de tomate, le lait.

Elle intervient dans les processus d'oxydation. Sa carence entraîne le pelage.

Vitamine B4 : est antitoxique, elle préside au métabolisme de l'alcool, et concourt au métabolisme des glucides, lipides, protides.

Vitamine B5 : se rencontre partout, mais surtout dans le jaune d'œuf, et la levure de bière. Elle joue un rôle dans la qualité de la peau et des nerfs.

Vitamine B6 : se trouve dans les levures, le riz complet, le germe de blé, le jaune d'œuf.

Elle intervient dans le métabolisme des protides et des acides gras non saturés.

Vitamine B12 : est anti-anémique, facteur de croissance. On la trouve dans le lait en poudre, dans les œufs, les poissons, le germe de blé, le riz complet, les grains de sésame, les légumes verts.

Les besoins en sont élevés.

L'acide folique, l'acide para-amino benzoïque, la biotine et l'inositol font aussi partie des substances du groupe B.

La biotine est en rapport avec les processus de croissance (on en trouve à teneur élevée dans la gelée royale).

Les vitamines du groupe B ont une grande importance dans tous les métabolismes. Il faut se rappeler que la levure alimentaire est très riche en vitamines B et que les aliments purifiés ou dénaturés les ont perdu en grande partie.

Vitamine C : est anti-infectieuse, et antiscorbutique. Elle neutralise les oxydes de carbone, le tabac, les médicaments, elle préside à la santé des dents et des gencives, des poumons, des bronches, des articulations, elle dissout les cristaux d'acide oxalique, elle purifie le sang.

On la trouve dans l'ail, le citron, l'orange, le cassis, la laitue, la mâche, le poireau, le céleri, le persil, la groseille, les piments rouges et verts, la pomme de terre.

D'une manière générale, tous les végétaux frais semblent avoir

une certaine richesse en vitamine C. Les végétaux fanés n'en ont plus. Il faut 25 mg de plus de vitamine C par cigarette fumée.
La vitamine C est détruite par la cuisson à plus de 90° (d'où le fait de cuire la pomme de terre au four plutôt qu'à l'eau bouillante).
La vitamine C est renouvelée tous les jours, elle n'est pas stockée. A titre d'exemple, il faut 50 g d'orange ou 50 g de mâche pour couvrir les besoins en vitamine C.

Vitamine D : est antirachitique. Les sources principales sont le soleil, l'avoine, le beurre, le jaune d'œuf, l'huile d'olive extra-vierge, le pollen, le miel, les végétaux, et les fruits fraîchement cueillis.
La quantité journalière est fournie par une exposition au soleil ou 200 g de flocons d'avoine ou 50 g d'œufs.

Vitamine E : équilibre les activités sexuelles et neuro-musculaires. On la trouve dans l'amande, l'arachide, le beurre, le germe de blé, les céréales complètes, le cresson, le jaune d'œuf, l'huile d'olive, la laitue, la noix, la noisette, le soja.
Il faut tripler la ration journalière pour la femme enceinte. Il faut 160 g de cresson ou 200 g d'amandes, ou 100 g de laitue ou 12 g de germe de blé pour couvrir les besoins quotidiens.

Vitamine F : intervient dans l'équilibre nerveux, la croissance, et la santé de la peau. Elle régularise l'ovulation et la spermatogénèse. Les principales sources sont le germe de blé, l'huile de maïs, les graines de melon et de potiron, l'orge, la noix, l'œuf, la lécithine de soja.

Vitamine K : est spécifique de la coagulation sanguine, elle est synthétisée par la flore intestinale.
On la trouve dans l'épinard, le chou, la fane de carotte, le jaune d'œuf, le pois.

Vitamine P : se trouve dans l'abricot, le citron, l'orange, le persil, les pruneaux, le jus de raisin, le cresson, l'épinard, le piment. Elle protège la perméabilité capillaire.

Les vitamines naturelles n'agissent pas comme les vitamines de synthèse, et on ne peut guère les comparer d'un point de vue biologique. Présentes à l'état de traces dans les aliments, elles agissent en synergie avec d'autres éléments, notamment les sels minéraux.
En principe, une alimentation équilibrée contient suffisamment de vitamines pour qu'on n'ait pas à s'inquiéter sur ce point. Mais il faut tenir compte de la moindre qualité des végétaux cultivés avec des engrais chimiques, et des déséquilibres qu'entraîne une vie de stress.

LES SELS MINÉRAUX. Dans l'optique d'une minéralisation globale, les dix aliments les plus minéralisés sont le germe de blé, les haricots secs, le gruyère, les lentilles, les amandes, les pois, les noisettes, les huîtres, le blé entier, le chocolat, la farine de blé. Une alimentation végétarienne avec des végétaux cultivés biologiquement apporte tous les sels minéraux indispensables.

L'arsenic vitalise l'organisme, il lutte efficacement contre l'anémie. On le trouve dans la carotte, le chou, le cresson, l'épinard, la laitue, le navet, la pomme, le raisin, les radis noir et rose.

Le brome est un sédatif du système nerveux qui facilite le sommeil. Les sources principales sont les algues, la fraise, la groseille, la pomme, le champignon, l'asperge, les radis noir et rose, l'artichaut.

Le calcium intervient pour l'ossification, les dents, la coagulation du sang, le système neuromusculaire. On le trouve dans l'amande, le germe de blé, la carotte, le céleri, le chou, le citron, le cresson, la datte, l'épinard, la fraise, la groseille, la laitue, le navet, l'olive noire, l'oignon, la pêche, la poire, la pomme, le poireau, le pruneau, le raisin, l'artichaut, le fromage, le jaune d'œuf, le lait, etc.

Le calcium ne se fixe qu'en présence de vitamine D et de phosphore, le plus assimilable provient des laitages.

Le chlore sert à former l'acide chlorhydrique de l'estomac. Il entretient la vitalité et la nutrition des glandes.

On le trouve dans les fromages, les dattes, les champignons, les laitues, la poire, la pomme, le raisin, le céleri, l'œuf, le haricot vert.

La chlorophylle fixe le carbone et libère l'oxygène. Elle combat la fatigue, l'anémie.

On la trouve dans les végétaux verts et les fruits mûrs.

Le cobalt est un activateur d'enzymes.

On le trouve dans le sarrasin, la lentille, le champignon.

Le cuivre préside à la défense cellulaire, anti-anémique.

On le trouve dans la cerise, le citron, le cresson, la laitue, le navet, l'olive, la poire, le champignon, l'épinard, l'amande, la noix, l'asperge, le radis, l'oignon, la datte, la carotte, le chou.

Le fer lutte contre l'anémie et les troubles de croissance.

On le trouve dans la lentille, le jaune d'œuf, le haricot sec, les pois, le gruyère, le blé, la noisette, l'amande, l'avoine, l'épinard, le champignon, la datte, la carotte, l'asperge, le pissenlit, le navet, l'abricot, la cerise.

Le fluor contribue à la formation des os, de la partie émaillée des dents : il fixe le phosphore et le soufre. Il retient le calcium et empêche la décalcification.
On le trouve dans les raisins, le riz, le germe de blé.

L'iode concourt au fonctionnement de la glande thyroïde et du cerveau. Il stimule les échanges cellulaires.
On le trouve dans les algues, l'ail, le germe de blé, l'épinard, la fraise, la laitue, le navet, l'oignon, la poire, le radis, le riz, la carotte, le haricot vert, le jaune d'œuf, la pomme de terre biologique.

Le magnésium aide à l'assimilation du phosphore. Élément de vitalité cellulaire, anti-infectieux, anticancéreux. L'équilibre du rapport calcium/magnésium est une condition de la régulation du système nerveux autonome.
Le magnésium est déficitaire dans le pain blanc, la viande et le sel raffiné.
On le trouve dans le germe de blé, l'amande, le haricot sec, les pois, la noisette, la noix, le blé, le seigle, le gruyère, le champignon, la datte, le poireau, la pomme, la poire, le pruneau, le radis.

Le manganèse est nécessaire au bon fonctionnement de l'hypophyse, de la glande pinéale et du cerveau.
Il favorise la fonction hépatorénale et combat l'anémie.
On le trouve dans l'arachide, l'asperge, l'artichaut, le germe de blé, la cerise, la laitue, l'olive, le pissenlit, le poireau, l'épinard, le raisin.

Le nickel est indispensable au bon fonctionnement du pancréas et est utile contre le diabète.
On le trouve dans l'épinard, le champignon, la laitue, la cerise, la poire, l'abricot, la carotte, le chou.

Le nitre épure le sang, est un puissant diurétique, il décongestionne le foie, la vessie et les reins. Il est recommandé contre la syphilis, les rhumatismes, l'arthrite, la goutte, la phlébite et les dermatoses.
On le trouve dans l'asperge, le céleri, le navet.

Le potassium évite la faiblesse musculaire, la lassitude. Il lutte contre les bactéries et nettoie le système digestif.
On le trouve dans l'abricot, la lentille, le pruneau, la figue, la datte, le champignon, l'épinard, l'artichaut, la châtaigne, la carotte, le chou, la cerise, le radis, la pomme, le riz, l'œuf, le poireau.

Le phosphore aide à l'assimilation des glucides. Il intervient dans l'ossification, la nutrition du cerveau, des cellules sanguines et des glandes. Il stimule les nerfs, évite les fatigues. Il est recommandé en cas d'affaiblissement des défenses naturelles.

On le trouve dans l'amande, l'artichaut, le germe de blé, la levure, le chocolat, la betterave, la carotte, la cerise, le chou, le citron, la datte, la laitue, la fraise, la groseille, le navet, l'oignon, l'olive, la pêche, la poire, la pomme, le poireau, le pruneau, le radis, la banane, le haricot, le jaune d'œuf, le gruyère, le poisson.

La silice est un antiseptique. Elle contribue à la formation du squelette, des dents, de la peau, des ongles. Elle assouplit les artères et renforce les organes digestifs.

On la trouve dans l'ail, le germe de blé, le citron, la pomme, le poireau, le raisin, l'oignon, la prêle, les céréales, le chou.

Le sodium et la soude participent au métabolisme de l'eau, favorisent la digestion, l'assimilation. Ils nettoient le système digestif, alcalinisent le sang.

On les trouve dans les fromages, la choucroute, l'œuf, la figue sèche, le raisin sec, le poireau, le chou cru, la noisette, la pêche, la poire, le beurre, le germe de blé, le haricot sec et vert.

Le zinc est indispensable pour maintenir l'organisme en vie. Il excite l'activité des vitamines et la formation des globules.

On le trouve dans le cresson, l'épinard, la laitue, la noix, l'orange, la pêche, le riz, le germe de blé, le champignon, la carotte, le chou.

La manière de se nourrir

La manière de se nourrir est une affaire personnelle, intime et *fondamentale.*
Elle conditionne notre apparence physique, nos actes, nos sentiments, elle nous embellit ou nous enlaidit, elle nous apporte jeunesse ou vieillesse, dynamisme ou apathie, tonus ou fatigue.

Comment se fait-il que cet acte si important soit souvent méconnu, laissé aux caprices du goût, et aux erreurs de l'habitude? Les études sur la nutrition sont relativement récentes. Elles arrivent au grand public souvent déformées et elles se déforment encore davantage au cours de leurs applications. La médecine ne s'est intéressée que médiocrement à cette question, et peu de médecins ont une compétence réelle pour redresser les erreurs alimentaires de leurs patients. Par une certaine déformation des choses, on soigne les maladies moins dans leurs causes que par des médicaments. Celui qui a des troubles digestifs trouvera normal de prendre des pilules pour se « soigner » sans remettre en cause son mode d'alimentation. La publicité et le commerce poussent beaucoup de gens à consommer des produits qui peuvent avoir une belle apparence et parfois flatter leur goût mais qui n'apportent pas d'éléments nutritifs réels. Trop de produits sont excessivement raffinés, dévitalisés, ils sont ainsi plus aisés à conserver et à stocker, mais ils ont perdu aussi toute valeur réelle. Il ne faut pas non plus négliger les *facteurs psychologiques* qui jouent dans la nutrition. Les aliments ont pris depuis notre enfance une coloration affective. Ils signifient plaisir, peur, récompense, punition, etc., sans même que nous en prenions toujours conscience. Dans ce domaine, nous répugnons à changer nos habitudes, qui forment une certaine base stable de notre quotidien. Il y a une association très malencontreuse qui se fait souvent : on a tendance à croire qu'en s'occupant de la manière dont on mange, on devra renoncer aux aliments qui plaisent, c'est la connotation négative du mot *« régime »*. Qui dit régime dit *privation.* Parmi ceux qui se préoccupent de leur nourriture, on trouve aussi des attitudes irritantes. Certains se mettent à des régimes draconiens comme ils entreraient en religion et leur prosélytisme n'aboutit qu'à créer une distance voire une aversion. Ils deviennent un sujet de raillerie et l'exemple même de ce qu'il ne faut pas devenir. A travers leur caricature, le contrôle alimentaire se trouve rejeté en bloc. Il y a toute une inertie en chacun de nous, qui refuse le changement et qui ne demande qu'à s'alimenter avec ce genre d'argument. La vie de famille ne facilite pas non plus les choses dans ce domaine. Il peut y avoir de graves dissensions entre mari et femme, mère et enfants, père et enfants, au sujet de la nourriture. Quand l'un ou l'autre des éléments d'une famille commence à changer sa manière de manger, il déclenche toutes sortes de réactions en chaîne chez les autres, soit négatives, soit positives. Il faut beaucoup de souplesse, de diplomatie pour ne pas faire alors une tempête dans un verre d'eau. Dans les meilleurs des cas, c'est toute la famille qui, à partir de la prise de conscience d'un seul, *se mettra à transformer* progressivement son rapport à la nourriture. Dans d'autres cas, il y aura des heurts, des durcissements de position, il faudra trouver des compromis. Mais c'est à celui qui *est l'instigateur des changements que revient la responsabilité* de l'opération, sa manière de présenter les choses conditionnera la réaction de son entourage, suscitera l'intérêt et la sympathie, ou au contraire l'aversion. Tout dépend évidemment de ce qui existe déjà entre les êtres au départ, du climat de tension qui règne ou non de manière sous-jacente. S'il y a conflit latent, la nourriture servira aussi de prétexte à un éclatement. Attention donc à cette période dans le climat familial.

Des habitudes simples

Tenez-vous en à quelques règles très simples si vous voulez réussir à établir une bonne hygiène alimentaire.

Petit déjeuner : Fruits de saison en été, fruits secs en hiver + yaourt ou fromage blanc. Une boisson chaude, de préférence malt ou chicorée (de type Kneipp ou Caro), ou une infusion de plantes avec du pain légèrement beurré (beurre ou beurre végétal).

Déjeuner : Jus de légumes frais. Crudités bien mâchées assaisonnées avec de l'huile d'olive vierge première pression + deux cuillerées de levure + citron à volonté + ail, oignon, persil, coriandre, fenouil. Céréales complètes (surtout en hiver); ou œufs frais, le jaune de préférence; ou fromage non fermenté; ou viande maigre et grillée ou poisson; pommes crues ou en compote ou fruits oléagineux; infusion de plantes.

Dîner : Potage épais aux légumes + une cuillerée à soupe de levure alimentaire + une cuillerée à soupe de germe de blé + une cuillerée à café de fenugrec (moulu); légumes crus et cuits; pomme crue ou en compote; infusion.

OU : légumes crus et cuits (sans pain ni farineux); fruits secs ou frais à volonté; infusion.

Pour votre santé : *faites-vous suivre par un hygiéniste naturopathe. Un chiropracteur pour le contrôle et le réajustement de la colonne vertébrale.*

A supprimer : *café, alcool, tabac, sucre blanc, thé, chocolat, conserves, graisses et produits chimiques, pain blanc.*

A éviter : *sucre roux, viande, poisson, pâtisseries.*

Ces indications sont empruntées à Claude BARREAU *qui dirige un établissement d'hygiène par des méthodes naturelles, notamment le jeûne.*

Certains d'entre vous seront peut-être surpris. Mais la composition type de ces menus tient compte des combinaisons alimentaires dont nous reparlerons plus loin. Ils s'apercevront que lorsqu'ils mangent certaines choses au même repas, ils font beaucoup de mélanges nuisibles à leur digestion, à leur assimilation, et au bon fonctionnement des organes.

A savoir

Il semble que le petit déjeuner soit un élément important dans la forme de la journée.

Au petit déjeuner, l'organisme remonte *la teneur du sang en sucre,* et cette production d'énergie conditionne notre manière de penser, de ressentir, d'agir. Certains médecins américains auraient expérimenté que le petit déjeuner se répercute toute la journée sur la glycémie. Lorsqu'il est insuffisant, la glycémie remonte pendant une heure, mais retombe rapidement ensuite, d'où fatigue, nervosité, inefficacité. C'est seulement avec un petit déjeuner comportant une ration importante en protéines que la glycémie se stabilise à une bonne moyenne, procurant un bien-être constant toute la matinée. Par contre, un petit déjeuner composé presque exclusivement d'hydrates de carbone fait redescendre aussi le taux de glycémie. L'expérience se poursuivant, on a pu constater que le même déjeuner servi à des gens qui avaient pris des petits déjeuners suffisants ne provoquerait pas les mêmes réactions. Ceux qui avaient eu une glycémie élevée dans la matinée la gardaient tout l'après-midi. *Ceux qui avaient eu une chute de glycémie dans la matinée connaissaient à nouveau cette chute l'après-midi malgré le déjeuner.* D'où *l'importance d'une bonne* mise en route.

Que se passe-t-il quand on mange trop d'hydrates de carbone le matin?

La glycémie s'élève rapidement, mais le pancréas est sollicité à fournir de l'insuline en grande quantité, ce qui a pour résultat un effet hypoglycénisant, le rôle de l'insuline étant d'activer la pénétration du glucose dans les cellules.

Manger trop d'hydrates de carbone, c'est donc aboutir à une inversion du rôle du glucose : il n'y a pas d'énergie produite, mais hypoglycémie et fatigue.

Quand *on mange trop de sucre, on produit des chocs insuliniques dans l'organisme.* (Dans certains cas, les habitudes alimentaires conduisent ainsi à vivre, aux trois repas, trois chocs insuliniques.)

Sachez aussi que prioritairement le cerveau et les nerfs ont besoin de glucose, et qu'en cas de manque, les surrénales produisent de la cortisone qui casse les cellules pour convertir les protéines en glucose. D'où la relation entre visage avachi et mauvaise alimentation.

Un bon petit déjeuner se compose de glucides en petites quantités, d'un apport moyen de graisses et de protéines : la digestion se fait alors lentement, le glucose se répartit doucement dans le sang et maintient une vigueur.

L'ENVIE DE SUCRERIE EST DIRECTEMENT LIÉE AU TAUX DE GLYCÉMIE.

Règle d'or : petit déjeuner de roi, déjeuner de prince, dîner de pauvre.

BONNE NOURRITURE = SOURCE DE JOUVENCE

Sucre blanc ou sucre roux?

Le sucre roux est-il plus sain que le sucre blanc? Pour et contre, les passions se déchaînent. Il y a certes un scandale du sucre roux, celui qui est raffiné et recoloré par la mélasse. Cependant, il existe un sucre de canne brut, c'est-à-dire véritablement non raffiné. Où en trouver? Nous l'avons demandé à Gaston de Bodard, importateur de sucre roux, spécialiste du sucre depuis plus de vingt ans.

Le sucre de canne arrive généralement des Antilles dans la cale des bateaux, sans protection contre les souillures. Cela n'a pas d'importance pour celui qui est destiné au raffinage.

Il n'en est pas de même pour le sucre roux. Aussi Gaston de Bodard le fait-il mettre en sachets sur le lieu de production. Il le vend ensuite au consommateur soit dans les magasins diététiques habituels, soit « en gros », directement dans des entrepôts où des coopératives de consommateurs viennent se servir pour deux fois moins cher. D'autres magasins, comme ceux de La Vie claire, offrent aussi un sucre roux authentique. En revanche, défiez-vous du sucre cristallisé, vaguement brun et en morceaux, que l'on trouve dans les magasins à grande surface. C'est souvent du sucre raffiné recoloré.

Des « traces » qui comptent

Mais le sucre roux est-il diététiquement supérieur au sucre blanc? C'est là que la véritable bataille commence. En effet, la plupart des spécialistes de la diététique officielle ne voient dans la vogue du sucre roux qu'un attrape-nigaud. Le professeur Marian Apfelbaum, médecin biologiste des hôpitaux de Paris, la compare volontiers au mythe du « bon sauvage » cher à Jean-Jacques Rousseau. C'est brun, donc c'est le meilleur, serait le seul argument, bien faible, de ses partisans. De même, le professeur Hugues Gounelle de Pontanel, du Centre de recherches Foch, président du Conseil supérieur d'hygiène publique, ne voit dans cette vogue qu'un « engouement sans preuves ». Pour lui, seule la crédulité du public auréole le sucre roux de « valeurs nutritives supérieures à celles du sucre blanc ordinaire. On le clame paré d'un potentiel vitaminique important et assurément d'autant meilleur que le prix d'achat est nettement plus élevé que celui du sucre courant ». Or ces vitamines – dont la présence est confirmée par les analyses – ne sont présentes qu'en faible quantité, les sels minéraux qu'à l'état de traces... Mais ce sont justement ces traces, cette faible quantité qui, aux yeux d'autres chercheurs, font toute la différence. Ce sont elles qui feraient du sucre roux un produit vivant, facilement assimilable, contrairement au sucre blanc. C'est ce qu'écrit Raymond Lautié : « Personnellement, je préfère à un aliment dévitaminé par la chimie un autre qui en contient encore et qui prouve ainsi que les manipulations industrielles n'ont pas détruit à fond l'empreinte du complexe vital initial. »

Le sucre complet

Le sucre roux est toujours du sucre de canne, car le jus de betterave ne supporte pas de rester brut, il fermente, sa conservation exige le raffinage par des procédés chimiques. Il n'en est pas de même pour celui de la canne à sucre, qui peut subir de simples évaporations à chaud. Il existe d'ailleurs dans les pays producteurs de canne un sucre local que les exploitants fabriquent pour leur usage personnel. C'est, en Inde, le cas du gurjaggary, sur lequel un médecin suisse, le docteur Béguin, a fait d'importantes recherches.

Vendu sur place comme sucre des pauvres, ce « sucre complet » contient dix fois plus de sels minéraux que le sucre brut et cent fois plus que le sucre blanc : 28 g par kilo au lieu de 300 mg pour le sucre raffiné. On y trouve en particulier du calcium (important pour les dents), du magnésium (fortifiant du système nerveux), du potassium (nécessaire à la vie des cellules), du fer (constituant de l'hémoglobine du sang) et du phosphore, notamment du groupe B, des oligo-éléments, des traces de fluor et 1/100 de protéines.

Depuis 1968, ce sucre est vendu dans les pharmacies de La Chaux-de-Fond. Le docteur Béguin, qui l'a fait venir d'Inde, l'appelle sucre complet. Depuis dix ans, il compare, sur des enfants de la ville, âgés de deux à seize ans, les effets de la consommation de sucre blanc et de sucre roux ou sucre brut. L'université de Neuchâtel, en Suisse, dépouille les résultats par ordinateur. Après l'étude de 1 420 sujets, il a fait dresser des graphiques. Chez ceux qui ont consommé du sucre blanc, 25 % des dents sont cariées, alors qu'avec le sucre complet la proportion est presque vingt fois moindre : 1,4 dent sur 100. Et, pour le sucre roux, on ne trouve que 7 dents cariées sur 100. Avec le sucre complet, 92 % des enfants ont des dents saines, contre 21 % avec le sucre blanc.

Une autre forme de sucre complet, en provenance des Caraïbes, sera bientôt disponible en France sous forme de gros cubes, semblables à ceux que les Antillais fabriquent pour eux-mêmes. Pour sa production, le jus de canne est seulement chauffé doucement jusqu'à réduction complète.

Le sucre le meilleur pour la santé est ainsi celui qui reste le plus près possible de sa forme naturelle.

« Mangez du sucre, c'est la santé! »

Ce slogan que radio et télévision diffusaient il y a quelques années est aujourd'hui remis en question. Les chercheurs marginaux en matière d'alimentation saine, comme George Oshawa pour la macrobiotique, Henri-Charles Geffroy de La Vie claire pour le végétalisme, ont depuis longtemps lancé un cri d'alarme. Le sucre industriel – sucre cristallisé, sucre en morceaux, sucre en poudre –, blanc au point d'en devenir parfois bleuté, est, à leurs yeux, un produit trop raffiné, donc « mort », dont la consommation en grande quantité est nuisible. Sans faire nécessairement la distinction entre sucre blanc et sucre roux, la plupart des nutritionnistes les rejoignent aujourd'hui. Les abus de sucre peuvent être nocifs pour la santé. D'ailleurs, il y a seulement un siècle et demi que le sucre fait partie des aliments de base. Auparavant, on le considérait comme un condiment ou un médicament, on l'achetait très cher chez l'« apothicaire », on l'utilisait dans des cas exceptionnels.

Le sucre, c'est bon : oui, bon au goût, mais peut-être pas pour la santé. Le marché en fournit de grandes quantités à des prix abordables. Ce n'est pas une raison pour le consommer inconsidérément. Les caprices du goût ne correspondent pas toujours aux besoins réels de l'organisme, ils alimentent, si l'on peut dire, des habitudes irrationnelles. Ce que l'on mange devient alors la source de déséquilibres physiologiques et de maladies diverses. Cette importance de l'alimentation pour la santé est de plus en plus mise en évidence. Le sucre serait un de ces carburants employés à outrance, qui encrasseraient le moteur humain et le rendraient fragile.

Un faux besoin

L'organisme a besoin d'une ration glucidique sous forme de sucres ou d'hydrates de carbone. Ces sucres existent en abondance dans les végétaux, les fruits, les céréales, les pommes de terre. Le sucre des fruits (fructose ou lévulose) est directement assimilable, celui des céréales ou amidon requiert des transformations digestives avant d'être absorbé sous forme de maltase. Dans une alimentation bien fournie en fruits, légumes, céréales et laitages, nous trouvons la ration glucidique dont l'organisme a besoin.

Le sucre qui nous est le plus familier, le saccharose, qui vient de la betterave ou de la canne à sucre, est donc un luxe, un surplus. Pourtant, il donne bon goût à certaines boissons et il entre pour une bonne part dans l'art de la pâtisserie. Ces combinaisons sont d'ailleurs heureuses et le docteur Carton, célèbre hygiéniste du début du siècle, souligne que le sucrage permet une meilleure assimilation de certains aliments, comme le lait ou l'œuf; le docteur Carton n'en est pas moins sévère à l'égard du sucre qu'il considère comme meurtrier à doses élevées. Cet aliment, dit-il, « fait trépider, donne chaud, de la joie et des forces... mais tout cela est factice et coûte cher; c'est l'organisme qui en fait les frais ». Il y voit le responsable des foies sensibles, des hémorroïdes, des ongles carminés, de la congestion faciale, de l'obésité, de la constipation, de la carie dentaire... et il conclut : « Le sucre industriel n'est pas un aliment véritable, mais plutôt un condiment dont on doit user avec une grande modération. »

Quand on évoque l'introduction du sucre dans l'organisme, l'image qui vient à l'esprit est celle d'une combustion accélérée, mais qui se fait au détriment d'un fonctionnement équilibré. Le docteur Bertholet, nutritionniste de Lausanne, spécialiste du jeûne, affirme : « Le sucre raffiné est le plus mauvais et le plus pernicieux des hydrates de carbone. » Pour Jean-Paul Duruisseau, chercheur canadien qui a longuement étudié, à l'institut de gérontologie de l'hôpital Notre-Damede-la-Merci, à Montréal, les effets d'une alimentation riche en hydrates de carbones raffinés, le sucre blanc – comme la farine blanche – est responsable d'une bonne partie de nos « maladies de civilisation ». Une consommation excessive peut entraîner le diabète, des allergies diverses, l'hyperglycémie (et de nombreux troubles nerveux qui en sont les symptômes), une grave déficience en minéraux tels que le magnésium.

De même, pour d'autres, le sucre industriel est irritant pour les muqueuses, surmène le foie et le pancréas, entretient le parasitisme intestinal, constipe et contribue à la carie dentaire. A moins d'avoir à effectuer des efforts musculaires intensifs, il ne faut pas le consommer en grande quantité.

Il semble que le seul sucre qui convienne véritablement au corps humain soit celui des céréales brutes et des fruits mûrs, sains et correctement cultivés. Ce sucre est associé à des vitamines et à des sels minéraux qui catalysent son assimilation : c'est un aliment vivant, qui fournit de l'énergie sans entraîner de carences minérales, sans provoquer d'ennuis digestifs, sans user prématurément les mécanismes du corps.

Le sucre et les dents

Le sucre raffiné a aussi un effet désastreux sur les dents (certains sucres « bruts » seraient, semble-t-il, moins nocifs). D'après certains auteurs, il agirait en « pompant » leur calcium. Sans rejoindre cette explication, de nombreuses études épidémiologiques ont montré, en particulier aux États-Unis et en Suède, qu'il existait une nette corrélation entre la consommation de sucre et la fréquence des caries dentaires. Les Eskimos avaient les dents parfaitement saines jusqu'à la découverte du Coca-Cola. En Europe, pendant les deux guerres mondiales, les enfants avaient nettement moins de caries : on ne trouvait plus de bonbons... Le risque peut être diminué par un brossage fréquent : c'est quand il reste longtemps en contact avec les dents (bonbons mangés entre les repas) que le sucre est le plus nocif. Il fermente, favorise la formation de la plaque dentaire et l'action des bactéries qui attaquent l'émail...

Le Xylitol : contre la carie

Existe-t-il un sucre qui ne provoque pratiquement pas de caries?

Le professeur finlandais de l'institut de cariologie et de biochimie orale de l'université de Turku, Kauko K. Mäkinen, l'affirme. Il est, avec un autre chercheur, le docteur Arje Scheinin, l'inventeur d'un tel sucre, le Xylitot. Leur programme de recherche a commencé en 1969 et, depuis, après de nombreux tests sur les animaux et les humains (sa propre famille l'utilise depuis cinq ans).

Le Xylitol est un produit naturel, en fait un sucre déjà contenu dans le corps humain ainsi que dans beaucoup d'aliments que nous consommons tous les jours (moutarde, poisson). Aujourd'hui, il est fabriqué à partir de la sève de bouleau, abondant en Finlande, mais peut être fait à partir du maïs, des noix et même du foin. Il a été prouvé qu'il est sans danger pour la santé, et mieux, il réduit presque à zéro la carie dentaire.

Pourquoi n'a-t-il pas été introduit en France alors que la Finlande dispose déjà d'environ trente produits (surtout des bonbons, du chewing-gum, des chocolats à base de Xylitol), que le Japon, l'Allemagne, les États-Unis l'utilisent et que l'Union soviétique destine sa fabrication aux diabétiques?

En France, le corps médical et dentaire connaît depuis longtemps le produit et l'appuie. Il semble que sa diffusion se heurte à son coût de fabrication : 13 francs les 453 grammes, les prix des produits qui en contiennent seraient élevés.

Mais qu'est-ce en comparaison des notes de dentiste que tout un chacun débourse? De toute façon, le succès du produit à l'étranger prouve que cela n'est pas une barrière infranchissable.

Le sucre et les artères

Les excès de sucre risquent-ils aussi de provoquer des maladies cardio-vasculaires? La question est encore très controversée. C'est un chercheur britannique, le docteur John Yudkin, qui l'a posée pour la première fois en 1957.

Professeur de nutrition et de diététique au Queen Elizabeth College de l'université de Londres à l'époque, le docteur Yudkin avait établi une corrélation positive entre la consommation de saccharose, dans une population donnée, et la fréquence des accidents d'infarctus du myocarde par artériose des vaisseaux coronariens.

Le lien statistique était au moins aussi net que celui constaté, depuis le début des années 1950, entre maladies cardio-vasculaires et consommation de matières grasses. Évidemment, reconnaît lui-même le docteur Yudkin, il y a une corrélation tout aussi forte, sinon plus, en Grande-Bretagne, entre la fréquence de ces accidents et la multiplication du nombre de récepteurs de radio et de télévision en service... ce qui affaiblit la démonstration mais n'exclut pas de poursuivre les recherches!

Celles-ci se sont en effet poursuivies au milieu d'une querelle d'experts passionnée. En Israël, le docteur A. M. Cohen, professeur à l'université de Jérusalem, a ainsi constaté une fréquence élevée des accidents cardio-vasculaires chez les Yéménites immigrés depuis plus de vingt ans, mais très faible chez les immigrants de fraîche date. Les premiers avaient adopté le régime israélien, riche en sucre raffiné, les seconds conservaient leur régime traditionnel – riche en graisse animale mais très pauvre en sucre. Autres exemples, que note le docteur Yudkin dans un exposé récent de ses thèses, « Sweet is dangerous! » (« Les dangers du sucre ») : les Massaï d'Afrique orientale, les Sumburu d'Afrique occidentale ont peu d'infarctus. Ils consomment beaucoup de viande et de lait riches en graisses animales, mais pratiquement pas de sucre. Les habitants de l'île de Sainte-Hélène ont beaucoup de maladies cardio-vasculaires, bien qu'ils mangent peu de matières grasses, fument peu et marchent beaucoup : ils sont friands de sucre, ils en consomment près de cinquante kilos par personne et par an... comme les Américains.

Comment le sucre agirait-il? En bouleversant le taux de glucose et d'insuline dans le sang, explique le docteur Forest E. Kendall du centre de recherches de l'université Columbia de New York. Pour être en bon état, les cellules de la paroi artérielle doivent disposer en permanence de deux aliments essentiels, l'insuline et le glucose. C'est le cas chez les personnes qui se nourrissent d'hydrates de carbone non raffinés : céréales brutes, légumes secs, lents à se métaboliser, qui maintiennent le niveau d'insuline à un taux acceptable pour les cellules artérielles. Il n'en est plus de même quand l'apport d'hydrates de carbone est constitué par les saccharoses (sucres du commerce) ou les amidons raffinés industriellement. Ces types de sucres sont très rapidement « brûlés » : leur introduction dans l'organisme provoque une décharge d'insuline qui disparaît rapidement dès que ces sucres ont été assimilés. Sans glucose et sans insuline, les cellules artérielles seraient alors en état de famine. Malades, sans force, elles se laisseraient encrasser par les graisses qu'elles seraient incapables de transformer. Un excès de graisses favoriserait l'artériosclérose et l'infarctus.

D'après le docteur Yudkin, le saccharose agirait aussi en provoquant une nette augmentation du taux de cholestérol et de triglycérides dans le sang. Cette augmentation serait particulièrement marquée avec un régime riche en graisses saturées. Mais elle se produirait aussi avec un régime plus « maigre »...

Si la primauté que le docteur Yudkin accorde aux excès de sucre comme cause des maladies cardio-vasculaires reste discutée, la plupart des nutritionnistes s'accordent aujourd'hui pour reconnaître que, combinés avec ceux de la graisse, ils peuvent avoir des effets désastreux.

La chasse au sucre

L'invasion du « sucre caché » est d'autant plus insidieuse que ses sources sont inattendues. Consumer's Report, le mensuel du Syndicat des consommateurs américains, en a fait un relevé précis dans son numéro de mars 1978. Il a découvert du sucre dans :

– le ketchup (28,9 %);

– des sauces à salade dans une proportion allant de 7,3 % (goût italien) à 30,2 % (goût russe);

– une sauce à spaghetti (6,2 %);

– des biscuits salés pour cocktails (11,8 %);

– du bouillon en cubes (14,8 %);

Sans oublier des sources mieux connues :

– Coca-Cola (8,8 %);

– fruits au sirop (17,9 %);

– yaourts (maigres!) aux fruits (13,7 %);

– crèmes glacées (21,4 %);

– chocolats (51,4 %).

Mais il y en a évidemment aussi dans les confitures, les gâteaux, les bonbons, les bouillies, les chocolats en poudre, les jus de fruits industriels, les sodas et sirops, les chewing-gums, etc. Exercez-vous à découvrir ce que vous consommez comme sucre chaque jour. En 1970, aux États-Unis, la consommation par tête était de 30 kilos de sucre par an, dont les deux tiers en sucre visible. Aujourd'hui, les trois quarts des 50 kilos consommés par an sont constitués par des sucres invisibles, dissimulés en particulier dans les boissons. Les boissons sucrées viennent aujourd'hui au deuxième rang des boissons des Américains, après le café et avant le lait. Entre 1960 et 1975, la consommation en a doublé. Le penchant pour le sucre est sans limite. Un plan de modification gouvernementale des habitudes alimentaires américaines a permis d'abaisser la consommation du sucre en dix ans de 61,5 livres par an et par personne à 47,8 livres.

Ce qui se passe aux États-Unis, avec quelques années d'avance, est aussi ce qui menace la France : la consommation de « sucre caché » y a doublé de 1960 à 1973, passant de 438 697 tonnes à plus de 900 000 tonnes (47 % de la consommation totale en 1974)...

Un goût à vaincre

Ainsi, dans un livre remarquable paru récemment aux éditions Stock, à Paris, *Les Mangeurs inégaux,* le docteur Marian Apfelbaum, spécialiste des problèmes d'alimentation à l'hôpital Bichat, à Paris, classe la réduction de la consommation du sucre parmi les priorités de la réforme alimentaire nécessaire dans les pays riches. Les chiffres sont impressionnants. Aujourd'hui, aux États-Unis, le sucre industriel fournit 50 % des hydrates de carbone de la ration alimentaire quotidienne, soit le quart de l'apport énergétique. Près des trois quarts des 50 kilos consommés par Américain chaque année sont constitués par des sucres invisibles, dissimulés en particulier dans les boissons. Il faut donc faire machine arrière et diminuer de 40 % la consommation de sucre pour la ramener à 15 % au maximum de la ration calorique totale, ce qui suppose la suppression du sucre invisible : sodas, crèmes glacées, céréales présucrées, etc. Pour obtenir ce résultat, le gouvernement américain – comme ceux des pays scandinaves – s'est lancé dans un vaste effort de rééducation du public. Cet effort ne se fait pas sans mal : une fois bien ancré, le goût du sucre est difficile à vaincre... Et les trusts sucriers sont puissants.

Faut-il d'ailleurs aller si loin? Marian Apfelbaum ne le pense pas : nous sommes génétiquement inégaux devant l'alimentation; certains supportent de consommer du sucre, d'autres non. Par la prévention et le dépistage, on peut aider les personnes à haut risque à éviter les maladies de pléthore qui les guettent. Inutile de brimer les autres...

On peut quand même se demander s'il est vraiment indispensable, comme aux États-Unis, d'introduire du sucre dans presque tous les aliments industriels, des biscuits au... Ketchup et à l'assaisonnement des salades! Pourquoi ne pas chercher d'autres plaisirs que le goût du sucré?

Si les écoles de nourriture divergent sur plus d'un point, elles sont unanimes au sujet du sucre : mangez-en le moins possible, même du roux. Les plus rigoureux, comme les macrobiotes, conseillent de s'abstenir totalement d'en consommer. Sans aller jusque-là, surveillez votre ration. Ne gavez pas vos enfants de sucreries. Les bonnes habitudes se prennent tôt, les obèses se fabriquent souvent au berceau. Le goût du sucre est une gourmandise facile. Il efface bien des saveurs subtiles : cherchez-les, retrouvez-les, la prudence n'est pas forcément... amère.

Les produits de remplacement du sucre

• **Les édulcorants de synthèse**

a) La saccharine. Ce succédané est recommandé aux obèses et diabétiques par les médecins pour remplacer le sucre. C'est un produit de synthèse, l'acide sulfamobenzoïque, fabriqué à partir du goudron de houille, traité par l'acide sulfurique, sans aucune propriété nutritive, mais avec un pouvoir sucrant cinq cents fois supérieur au sucre blanc. On le trouve en vente libre en pharmacie. Mais son emploi est déconseillé aux femmes enceintes. Et la loi du 30 mars 1902 en interdit l'emploi dans les produits alimentaires courants. Il a failli être interdit en 1977, aux États-Unis, après avoir provoqué des cancers de la vessie chez des rats : les doses employées dépassant largement l'équivalent d'une consommation humaine vraisemblable, le risque fut considéré comme négligeable, comparé à l'utilité du produit. Mais Henri-Charles Geffroy, fondateur de La Vie claire, considère, lui aussi, la saccharine comme cancérigène à la longue.

b) Les cyclamates de calcium ou de sodium. Édulcorants de synthèse trente fois plus sucrants que le sucre. Accusés, il y a quelques années, de provoquer des cancers de la vessie, ils sont interdits dans les préparations alimentaires depuis 1974 aux États-Unis. Il semblerait qu'il y ait une toxicité chronique, notamment dès que la dose journalière dépasse 5 g, dose que l'on dépasse facilement dans un emploi moyen. Les travaux faits en France ont montré que le cyclamate de sodium s'élimine dans l'urine sous forme d'un composé cancérigène. Il semblerait aussi que les cyclamates perturbent la croissance des jeunes animaux et troublent la reproduction. Ils pourraient provoquer des troubles digestifs. En France, ils ne sont plus autorisés que pour les diabétiques et les obèses sous contrôle médical. Les édulcorants de synthèse ont un autre inconvénient : à des concentrations élevées, ils dégagent des saveurs annexes, acide et amère, qui peuvent persister un certain temps. Aussi les a-t-on parfois appelés « éblouisseurs de goût ». Ils peuvent amener à sucrer davantage les aliments ingérés par la suite.

- **Le miel :** Il fournit un sucre naturel et imputrescible, bourré de vitamines. Il n'irrite pas le tube digestif, il est d'assimilation rapide et facile, c'est un aliment énergétique de premier ordre. Grâce à son pouvoir calorique élevé, il permet de soutenir efficacement un effort prolongé (lorsqu'on prend deux cuillerées à soupe de miel trente minutes auparavant). C'est le sucre le mieux supporté par les reins.

- **Le sirop de dattes :** résultant de la pression de dattes à la presse hydraulique, filtré et condensé à basse température de manière à conserver ses propriétés, ce sirop renferme 66 % de sucre, des sels minéraux, des oligo-éléments (calcium : 45 mg pour 100 g) et des vitamines A, série B, C et E.

- **Le sirop d'érable :** il provient de l'incision du tronc d'érable à sucre. La sève contient 4 % de sucres assimilables; comme elle fermente, on la concentre par évaporation en un sirop épais contenant 65 % de sucre.
Le sirop d'érable ne subit aucun raffinage ni traitement chimique.

- **Le jus de canne à sucre :** c'est un liquide naturel, très nutritif, riche en oligo-éléments et en vitamines. Mais sa concentration poussée puis son raffinage lui font perdre ses propriétés.

Que manger pour bien vieillir?

Pour vivre jeune le plus longtemps possible, il faut une bonne hygiène de vie. Et une alimentation saine. Découvrez les aliments qui conservent et ceux qui vous usent!

Manger peu pour bien vieillir

Vivre jeune le plus longtemps possible, c'est un des plus vieux rêves de l'humanité. Dès qu'on découvre une colonie de centenaires – et on en connaît plusieurs, en Abkhazie, dans le Caucase, et en pays hunza, au Pakistan –, c'est la ruée des spécialistes. Que font donc ces robustes vieillards pour se maintenir si tard en si bonne forme? Réponse contrite de nos gérontologues : ils ont une remarquable hygiène de vie. Ils travaillent dur, ils gardent un réseau serré de contacts humains, ils font volontiers l'amour... et ils sont d'une frugalité exemplaire. La ration quotidienne, à Vilcabamba, est de mille deux cents calories par jour, alors que chez nous elle dépasse souvent trois mille!

Manger peu pour bien vieillir : un certain McKay a déjà découvert l'efficacité d'un tel régime, il y a une quarantaine d'années, chez... les rats. En soumettant ceux de son laboratoire à une diète sévère, à la limite de la malnutrition, il avait réussi à prolonger leur vie de 50 à 100 %. La « nourriture du pauvre », comme l'appellent les habitants de Vilcabamba, serait-elle un des premiers secrets de la longévité? Un autre alerte vieillard, Henri-Charles Geffroy, qui a quatre-vingt-deux ans, fait de la parcimonie bien comprise le synonyme de l'« alimentation saine ». Fondateur de la chaîne de magasins diététiques de La Vie claire, il consacre tout un livre aux effets de jouvence du régime qu'il pratique, le végétalisme. Titre alléchant : *Tu vivras cent ans...*

Sans aller jusqu'à ces extrêmes (le végétalien ne se nourrit que de céréales, de fruits et de légumes crus), si l'on veut « bien vieillir », mieux vaut ne pas attendre la retraite pour changer ses habitudes alimentaires. Il est alors trop tard : l'essentiel du mal est fait, et les ruptures brutales de régime, quand le corps a perdu sa souplesse d'adaptation, « secouent » plus qu'elles ne guérissent. L'hygiène de vie est une œuvre de longue haleine. Mieux vaut entreprendre l'effort avant l'âge critique de la quarantaine!

Commencer à temps!

Je la regarde marcher, je la regarde jouer dans le soleil avec ses cheveux clairs et son teint doré. Pas de rides, pas de dessèchement. Elle a quarante ans et elle est jeune par tous les pores de sa peau. Je lui demande : « Vous ne pensez jamais à la vieillesse? » Elle sourit : « Non, pas beaucoup. Je crois qu'on y pense à partir du moment où on la vit. » Pas trace, chez elle, de l'usure prématurée si fréquente dans nos sociétés d'abondance. Elle fait partie des êtres qui, un jour, se sont pris en charge. Malgré les inquiétudes, le stress de la vie urbaine, elle maintient sa machine biologique en bonne santé. Elle habite réellement son corps, elle fait attention à sa nourriture, elle se donne de l'exercice, des occasions de respirer, de se détendre, de bien dormir...

Vieillir, c'est user prématurément ses cellules. Les erreurs innombrables que nous commettons dans la conduite de notre vie abrègent notre existence. Selon le célèbre naturaliste Buffon, la durée moyenne de la vie humaine devrait être de cent vingt-cinq ans, car, chez tous les mammifères, elle est égale à cinq fois la durée de la période d'ossification des os longs, qui est de vingt à vingt-cinq ans chez l'être humain.

Mais nous ne savons pas préserver notre corps. Nous le fatiguons indûment, passant notre temps à l'encrasser. Chaque fois que nous mangeons trop, nous surmenons nos organes d'élimination : foie, reins, vessie, poumons, glandes sudoripares. Surchargés, ils effectuent moins bien leur travail de filtre, ils laissent passer des toxines qui s'accumulent dans différents points de l'organisme, engendrant des effets pathogènes. C'est pourquoi une alimentation saine est essentielle au bon maintien de l'équilibre biologique. « L'évolution du processus de vieillissement est partiellement commandée par les conditions de nutrition de l'être humain au cours de l'adolescence et de l'âge adulte », écrit le professeur François Bourlière, directeur du centre de gérontologie Claude-Bernard. C'est en grande partie la nourriture qui, selon qu'elle est bonne ou mauvaise, prolonge ou abrège la jeunesse. Tous les diététiciens, tous les spécialistes de médecine naturelle sont d'accord sur ce point.

Bien vivre, bien manger...

Le moteur de la vie, c'est le processus de nutrition. Une bonne alimentation est équilibrée, elle comprend des protides, matières azotées qui constituent la substance même de nos cellules, des aliments énergétiques, glucides et lipides, des sels minéraux, des oligo-éléments. Au cours de la digestion, les substances inertes contenues dans nos aliments sont assimilées, transformées en substances organiques. Le ralentissement de cette fonction entraîne la maladie, le vieillissement. Toute substance inerte mal assimilée et stagnant dans l'organisme y introduit un déséquilibre.

Nous l'avons vu : les excès quantitatifs surchargent le système digestif, transformant en poison les aliments les plus sains. Tout ce qui est en trop devient toxique. Le corps, ne pouvant plus éliminer, dépose ses toxines un peu partout et c'est la maladie.

Mais il y a aussi des aliments toxiques en eux-mêmes : il vaut mieux éviter les charcuteries, l'alcool, les excès de viande, les aliments trop raffinés (pain et sucre blancs, huiles, sel raffiné), les confiseries, et, dans la mesure du possible, les conserves, les additifs alimentaires.

Les aliments trop raffinés ne contiennent plus les substances vitales indispensables à l'organisme. Il faut revenir au brut, sel marin, pain complet, céréales complètes (blé, riz, orge, millet, sarrasin), sucre de canne non raffiné, miel, huiles végétales vierges, crudités, fruits, pâtisseries sans produits chimiques et faites avec des farines complètes. Tous les aliments gagnent à être consommés sous leur forme naturelle. Les fruits se mangent de préférence crus, au début des repas; les légumes aussi, ou alors cuits à l'étouffée, ce qui ne les dénature pas.

Il ne s'agit pas de se compliquer la vie ni de devenir sectaire ou fanatique, mais simplement de redécouvrir le vrai goût des aliments, de devenir exigeant sur leur qualité, attentif à cet acte incroyablement intime qui fait passer des substances de l'extérieur à l'intérieur de nos cellules.

Des « aliments jeunesse » spécifiques

Mais il y a aussi des éléments spécifiquement nécessaires à une « vieillesse active » : par exemple le magnésium qui se raréfie dans le corps humain à mesure que l'on avance en âge : de 0,24 ‰ chez le nouveau-né, sa proportion tombe à 0,05 ‰ chez le vieillard, soit cinq fois moins. Il faut donc, pour lutter contre le vieillissement, chercher des aliments riches en magnésium.

Le *magnésium* agit comme régulateur du calcium. Il favorise sa fixation dans les tissus osseux. En effet, pour lutter contre la décalcification, il ne suffit pas d'absorber des laitages en grande quantité, il faut aussi que l'organisme soit en mesure de fixer leur apport! Le magnésium permet aussi d'éliminer le calcium en surcharge, faute de quoi non seulement le calcium ne se fixe pas sur les os, mais il se fixe sur les articulations qu'il bloque! On trouve du chlorure de magnésium en pharmacie (pour un franc seulement!), mais, selon le fondateur de La Vie claire, Henri-Charles Geffroy, sous cette forme il n'est guère assimilable par l'organisme. Il agit quand même dans le corps pendant quatre heures et il est utile en cas de maladie parce qu'il renforce l'action des globules blancs destructeurs de microbes.

Pour un effet à plus long terme, on peut augmenter l'apport de magnésium de l'alimentation. On en trouve dans les céréales et les fruits, en particulier les amandes qui contiennent 252 mg de magnésium pour 100 g. Évitez néanmoins les abus : les amandes contiennent aussi beaucoup d'huile! Enfin, Henri-Charles Geffroy recommande aussi une levure spécialement préparée en laboratoire et commercialisée en pharmacie sous une forme liquide : la levure Sorbic Magnésium ou Spasmog, présentée en ampoules buvables.

D'autres aliments ont un effet bénéfique général par la richesse de leur apport. Ces « vrais amis de l'organisme » sont *l'ail, l'oignon, le thym, le citron, le pamplemousse, l'orange et le persil.*

Le persil, riche en vitamines, stimule les viscères et les glandes à sécrétion interne, excite l'appétit, favorise la digestion, purifie l'organisme.

L'orange, le pamplemousse et le citron activent la sécrétion biliaire, régularisent le travail intestinal, accroissent la vitalité. Il faut les consommer le matin à jeun de préférence.

L'oignon stimule le système hépatique et les reins, il est bactéricide, diurétique, revitalisant, il tonifie les nerfs et augmente l'activité cérébrale.

Le thym, enfin, active la sécrétion glandulaire et la digestion.

Les aliments de longue vie

Quant au miel, au pollen, à la gelée royale, au gingembre, Henri-Charles Geffroy les désigne tout particulièrement comme des « aliments de longue vie ».

Le miel est un remède traditionnel aux vertus multiples.

Le pollen apporte à l'organisme humain beaucoup de sels minéraux, de vitamines, en particulier du groupe B. Il stimule la croissance, donne de l'énergie, revitalise, rajeunit les tissus, renforce les défenses naturelles, dynamise l'état général. On le consomme cru, de préférence à jeun, en « cures » d'un mois, à raison de deux cuillerées à entremets pleines par jour.

La gelée royale, qui sert à la nourriture des larves dans une colonie d'abeilles, est plus nutritive que le meilleur des laits de mammifère. La reine qui s'en nourrit exclusivement est d'une vitalité exceptionnelle, elle vit quatre ou cinq ans malgré la ponte quotidienne, alors qu'une abeille est vieille à cinq mois. Des expériences ont montré que les animaux de toutes sortes, nourris de cette gelée, prolongeaient la durée de leur vie de 20 à 30 %. Chez les humains, on a pu constater des résultats également surprenants. Des femmes « ménopausées » ont retrouvé leurs règles et ont pu être mères. Des hommes ont retrouvé leur puissance sexuelle. Des vieillards se sont trouvés revitalisés.

Le gingembre, très énergétique, provoque d'abondantes secrétions salivaires et digestives, il accroît la chaleur interne, stimule toutes les fonctions, notamment celles du cerveau et des glandes génitales.

La levure alimentaire est le fortifiant naturel des gens ayant dépassé la quarantaine. Elle ajoute à ses principes actifs un agent de désintoxication, le glutathion. Elle favorise l'assimilation, régularise le métabolisme et aide au drainage. On la prend à raison d'une cuillerée à soupe par repas, en en saupoudrant ses aliments. Elle a un agréable goût de fromage.

Et des boissons

Serez-vous réellement étonnés d'apprendre que toutes les boissons alcoolisées, y compris le vin et la bière, entraînent un vieillissement prématuré?

En revanche, *les jus de fruits* « lavent » le foie, débloquent les articulations, nourrissent en même temps qu'ils désaltèrent. Frais (extraits en centrifugeuse), ils constituent un apport vitaminique et minéral remarquable. Et une excellente base de cure de désintoxication! Au contraire, un jus de fruit conservé, même sans additif, perd une grande partie de ses propriétés.

Les diverses infusions de plantes sont également des boissons de santé.

Nos goûts pour le thé et le café résultent d'habitudes sociales; l'un et l'autre contiennent de la caféine, nocive en usage quotidien. Or il existe un excellent succédané de café à base de céréales qu'on trouve dans les magasins diététiques...

N'oublions pas non plus l'eau pure, l'eau de source, la boisson la plus saine, la plus naturelle, souvent hélas un luxe pour les habitants des villes. Il reste évidemment les eaux minérales...

Savoir quoi manger et boire pour bien vieillir, c'est essentiel. Le meilleur antidote au vieillissement n'en reste pas moins... un esprit jeune.

Les radiations

Le bon sens nous le dit. Les produits frais sont meilleurs que les autres, et par meilleurs nous sous-entendons qu'ils nous font davantage de bien, qu'ils véhiculent pour nous un facteur santé et vitalité. Et, pour une fois, le goût est d'accord avec la santé. Plus un produit est frais, plus il a de saveur!

Or un certain M. SIMONETON a fait des recherches et des mesures pendant de nombreuses années et les résultats de ses travaux ne manquent pas d'intérêt. Je vous livre donc les résultats.

Simoneton classe les aliments en 3 catégories : *supérieurs, inférieurs et morts.* Les aliments supérieurs ont une longueur d'onde dépassant 6 500 angströms. Les inférieurs au-dessous de 6 000 A et les morts (0). Il constate que plus un élément est frais, plus il émet de radiations. Un être humain bien portant a, lui, des radiations qui varient entre 6 200 A et 7 000 A, ce qui correspond à la radiation de la couleur *rouge* du spectre solaire. Malade, il n'émet que 6 000 A.

Pour Simoneton, les ALIMENTS SUPÉRIEURS seraient :

Les céréales : 8 000 à 9 000 A pour le blé frais et la cuisson augmente la radiation.

Les germes : 8 500 à 10 000 A.

Tarte à la farine fraîchement moulue : 8 200 à 9 000 A, mais faite avec de la farine de plus de quatre mois : aucune vitalité.

Les fruits mûrs : 8 000 à 10 000 A pour la pulpe; un fruit vert n'a que 9 000 A, un fruit mûr 8 000 A, un fruit blet 3 000 A!

Les fruits secs : 4 000 A. Ils retrouvent 8 000 A après trempage.

La plupart des légumes perdent leurs radiations à la cuisson!

La radiation des *tubercules* augmente avec la cuisson. Une pomme de terre crue émet 2 000 A et atteint 9 000 A cuite au four contre 6 000 A cuite à l'eau.

Pois, haricots, fèves, lentilles atteignent 8 000 A quand ils sont frais, mais diminuent quand ils sont secs.
Les crudités avec huile d'olive et citron : 9 000 à 11 000 A!
Poissons de mer, coquillages : 8 000 à 9 000 A.
Huiles de première pression : 8 000 à 9 000 A pour l'huile d'olive, 8 500 pour l'huile de noix, 6 500 pour l'huile d'arachide.
Beurre : 8 000 A. Il tombe à zéro en 40 jours. Le beurre salé conserve ses radiations très longtemps.
Les fromages comme le cantal, le hollande, la tomme : 7 000 à 8 000 A.
Jus de fruits et tisanes : 8 000 A.
Miel : 7 500 à 8 000 A selon la qualité.
Sucre brun : 8 500 A (sucre de canne) et 8 000 A (betterave).
Sel marin : 8 500 à 9 000 A.

LES ALIMENTS INFÉRIEURS

La viande : 9 000 A seulement pour un bifteck saignant et la cuisson poussée détruit toute radiation.
Le chocolat : 1 000 A la plupart du temps sauf exception.
Les confitures : 2 000 et 4 000 A selon le sucre employé.
Sucre blanc : 2 500 A.
Sel d'origine minérale : 1 000 à 2 000 A.

Lait	au moment de la traite	: 6 500 A.
	12 heures après	: 5 000 A.
	24 heures après	: 2 000 A.

L'œuf à la ponte : 6 500 A. Dix jours après, beaucoup moins!
Le vin : 5 500 à 6 000 A pour les bons vins, 2 000 pour les ordinaires.
La bière : 4 000 A.

On peut *en conclure* que la nourriture serait d'autant plus « vitale » qu'elle se composerait d'aliments FRAIS, CRUS, NON RAFFINÉS à base de fruits, légumes, céréales, poissons, fruits de mer.

Les conserves seraient des aliments morts ainsi que les alcools, les eaux-de-vie, le café, le thé (sauf le thé vert, le thé à la menthe et le thé au citron), le sucre raffiné, le pain blanc, les aliments pasteurisés.

A VOUS D'EN TIRER LES CONCLUSIONS PRATIQUES.

Les combinaisons alimentaires

Il faut le savoir : MOINS ON MÉLANGE ET MIEUX ON DIGÈRE, et mieux on se porte.

Idéalement, il faudrait ne manger qu'un seul type d'aliment à chaque repas. Un repas de *fruits le matin,* d'*amidon à midi* et de *protéines le soir.* Je suppose que vous êtes sceptique et je vous conseille d'essayer, particulièrement si vous avez des lourdeurs, des difficultés digestives, etc.

Si nous n'étions aussi gourmands et aussi gâtés par la civilisation, nous pourrions avoir la sagesse instinctive de cette loi. Un hygiéniste de renom, le docteur Shelton, s'est intéressé au début du siècle aux affinités digestives des aliments et il a laissé un petit livre d'une centaine de pages qui fait encore aujourd'hui autorité en la matière. Je vous en livre l'essentiel. Vous ne parviendrez pas du jour au lendemain à respecter ces règles, mais un peu d'attention vous convaincra facilement de leur justesse. Des aliments qui sont excellents séparément deviennent nocifs quand ils sont mélangés, stagnent dans les voies digestives et se putréfient pour créer des toxines qui encrassent l'organisme.

Vous apprendrez avec horreur que les pâtes à la tomate sont une hérésie, car la tomate est un fruit acide qui contrarie la digestion de l'amidon que représentent les pâtes. Le « Bricher-muesli » suisse peut aussi devenir un aliment détonant si vous lui ajoutez des fruits acides ou sucrés, et du lait.

Je ne vous conseille pas d'être strict et rigide mais d'éviter un surmenage constant. Personnellement, je pratique toujours le pain fromage, et les mouillettes beurrées avec l'œuf à la coque, mais pas systématiquement. Je ne mange pas deux protéines en même temps (viande, œuf, fromage), pas de protéines au même repas qu'un farineux (pain, pâte, pomme de terre, céréales, topinambour). Les légumes ont leur place partout. Je consomme les fruits en dehors des repas et de préférence le matin à jeun ou dans le courant de l'après-midi. Je ne mélange pas fruits acides et fruits sucrés (comme banane et orange), et je ne sucre pas mon pamplemousse. Le miel, le melon et la pastèque préfèrent le solo.

Si le bilan paraît un peu restrictif au début, on s'habitue vite. *Les aliments bien digérés nourrissent. Les aliments mal digérés intoxiquent.*

VOYONS D'ABORD LES BONNES ALLIANCES

Fruits doux + lait (de préférence caillé)
Fruits acides + lait et noix
Légumes verts + protéines, ou céréales, ou farineux
œufs + légumes verts
fromages + légumes verts
graisses et huiles + protides et légumes verts

MAINTENANT, LES MAUVAISES ALLIANCES

Pas d'acide avec l'amidon : pas de salade de riz au citron parce que l'acide détruit la ptyoline de la salive qui, elle, digère l'amidon.

Pas de protéine avec l'amidon : parce que l'un et l'autre ne demandent pas la même sécrétion gastrique. Pas de pain avec la viande car le pain devra attendre des heures pour être digéré.

Pas DEUX protéines en même temps : pas de lait avec l'œuf ou la viande car les types de digestion ne sont pas les mêmes.

Pas d'acide avec la protéine : parce que l'acide entrave l'action de la pepsine qui digère la protéine. Seuls les noix et le fromage s'accommodent des fruits acides grâce à leur graisse.

Pas de graisse avec la protéine : pas d'huile avec les œufs ou le fromage. Les protéines qui contiennent naturellement des graisses sont d'ailleurs de digestion plus lente que les autres. Les légumes verts peuvent jouer un rôle de médiateur et permettent éventuellement un mariage parce qu'ils neutralisent l'effet de la graisse.

Pas de sucre avec la protéine : parce que le sucre entrave la digestion de la protéine. Autant le sucre seul se digère vite, autant en mélange, il attend dans l'estomac et produit des fermentations.

Pas de sucre avec l'amidon : donc, à la limite, pas de pâtisseries!

TABLEAU RÉCAPITULATIF

Type d'aliments	**Bonnes alliances**	**Mauvaises alliances**
fruits doux	lait caillé	fruits acides protides – lait céréales – farineux
fruits acides	noix – lait	sucre – céréales protides sauf noix
légumes verts	tous protides ou tous farineux et céréales	lait
céréales farineux légumineuses	légumes verts	lait – tous protides fruits acides sucres
protides (viandes)	légumes verts	farineux – lait céréales – sucres
œufs	légumes verts	farineux – lait céréales – sucres
fromages	légumes verts	farineux – lait céréales – sucre
lait	seul ou avec fruits acides	toutes céréales farineux légumes verts
graisses et huiles	avec protides ET légumes verts	tous les protides
melons	TOUJOURS SEULS	

Être végétarien

CE QUE DISENT LES VÉGÉTARIENS : Lorsqu'un mangeur de viande abandonne son ancien régime, il découvre un goût très nouveau à tous les aliments. Son palais s'affine, délaisse les préparations compliquées et épicées, pour apprécier la saveur d'un fruit, d'un légume. Par ailleurs, le caractère change, l'humeur devient plus égale, plus paisible, la pensée plus claire, la mémoire s'améliore, la concentration aussi, le désir de travail et d'activité créatrice grandit.

Pour ou contre la viande

Extrait de *La Rôtisserie de la Reine Pédauque* (Anatole France) :

> « Un honnête homme ne peut sans dégoût manger la chair des animaux et les peuples ne peuvent se dire polis tant qu'ils auront dans leurs villes des abattoirs et des boucheries. Mais nous saurons un jour nous débarrasser de ces industries barbares. Quand nous connaîtrons exactement les substances nourrissantes qui sont contenues dans le corps des animaux, il deviendra possible de tirer ces mêmes substances des corps qui n'ont point de vie et qui les fourniront en abondance. Ces corps contiennent en effet tout ce qui se rencontre dans les êtres animés, puisque l'animal a été formé du végétal, qui a lui-même tiré sa substance de la matière inerte.
>
> « N'étant plus appesantis par de lentes digestions, les

hommes seront merveilleusement agiles; leur vue deviendra singulièrement perçante, et ils verront des navires glisser sur les mers de la lune. Leur entendement sera plus clair, leurs mœurs s'adouciront. Ils s'avanceront beaucoup dans la connaissance de Dieu et de la nature... ce que je vous ai annoncé jusqu'à présent n'est qu'un acheminement à la véritable nourriture, qui est celle des Sylphes et de tous les Esprits aériens. Ils boivent la lumière qui suffit à communiquer à leur corps une force et une souplesse merveilleuses. C'est leur unique potion. Ce sera un jour la nôtre, Messieurs. Il s'agit seulement de rendre potable les rayons du soleil... »

L'attitude commune s'inscrit actuellement à l'inverse de cette vision poétique. La consommation de la viande ne cesse d'augmenter dans toutes les classes de la société et les représentants de la diététique officielle abondent en ce sens. La viande serait l'unique et irremplaçable source de protéines. De plus, comme l'homme moderne fournit de moins en moins d'effort physique et de plus en plus d'effort intellectuel et nerveux, il faut donc une nourriture facile à digérer.

La viande répond à ce critère et fournit aussi l'albumine nécessaire à la substance nerveuse.

Les anthroposophes avec Rudolf Steiner s'inscrivaient en faux contre cette conception. Car, si digérer de la viande demande au métabolisme un effort moindre, il se manifeste pourtant une fatigue, une lourdeur dans la tête et les membres. L'explication donnée est que l'organisme monopolise des forces pour la digestion, et que ces forces inemployées affaiblissent, fatiguent alors l'organisme.

Dans l'alimentation à base de céréales, l'estomac et l'intestin sont très sollicités, mais l'organisme ne n'en trouve pas fatigué pour autant.

Il est un autre aspect plus fondamental dans l'argumentation de Steiner. Le règne végétal est en affinité avec le système nerveux humain, il lui apporte la lumière solaire enclose dans ses substances et le stimule dans son fonctionnement. Par contre, le règne animal fonctionne comme un corps étranger. Il y a là une grande différence pour la vie de l'esprit et de l'âme. « Partout où, librement et sans arrière-pensée, l'homme règle sa vie et dirige sa pensée selon des perspectives élevées, il doit cet élan rapide de l'esprit au règne végétal par l'intermédiaire des aliments. Chaque fois qu'il s'abandonne à la colère, à l'antipathie qu'implantent en lui les préjugés, il est sous l'influence de la nourriture, d'origine animale. »

Cependant, Steiner n'adopte pas une attitude fanatique. Il fait une réserve qui mérite d'être soulignée. Certains êtres ne peuvent se passer de nourriture d'origine animale.

Il conseille cependant de se limiter dans la mesure du possible au lait et à ses dérivés.

Dans la perspective du futur de l'évolution humaine, Steiner indique qu'à la sixième période de civilisation, on ne mangera plus de viande. Le régime carné enchaîne l'homme à la terre. « Lorsque le développement ésotérique est en jeu, il importe de ne pas s'enchaîner à la terre, de se charger de toute la pesanteur terrestre par la consommation de la viande... Lorsque l'être humain peut s'abstenir de viande, l'évolution de sa vie tout entière se trouve véritablement allégée...

« Mais il faut que ni la nature personnelle ni l'hérédité ne compromettent les résultats de cette abstention. La décision ne peut jamais être prise qu'en fonction d'un individu seulement. »

Il est inconcevable de s'arrêter artificiellement de manger de la viande. Il s'agit d'apprendre à percevoir la nature d'un aliment. En mâchant, on peut retrouver et se représenter tous les stades de la formation d'un aliment. C'est une véritable méditation. Il arrive alors un point où la conscience est telle qu'on n'a plus envie de manger de viande. On la rejette « d'instinct » comme nuisible. C'est cette auto-éducation de ses véritables besoins qui est importante.

A savoir : le mythe de la protéine et le mythe de la viande

Beaucoup de gens mangent de la viande parce qu'ils sont persuadés que c'est le seul aliment qui peut leur procurer les protéines indispensables. Or, nos besoins en protides sont *de 50 g par jour,* et on consomme souvent deux fois plus, ce qui surcharge les reins, qui élimine l'acide urique, produit de dégradation des protéines.

Autres perspectives sur la santé : les viandes proviennent de méthodes d'engraissement par les hommes et les antibiotiques, et les résidus de pesticides organo-chlorés se concentrent douze fois plus dans les aliments d'origine animale que dans les céréales et les légumes. Ceux-ci avec les laitages couvrent facilement les besoins en protides de l'organisme. De plus, la protéine n'est pas tout, nos besoins en vitamines et sels minéraux sont aussi importants et, sauf en ce qui concerne la vitamine B 12, la viande intervient assez faiblement.

Le sage gastronome

Introduire des règles et des connaissances dans son mode d'alimentation ne signifie pas faire un régime ou faire pénitence. On peut réaliser des centaines de plats succulents, nutritifs et d'autant meilleurs que les produits choisis sont de première qualité et, quand on le peut, issus de culture biologique. Ceux qui en ont fait l'expérience savent qu'un légume issu de culture biologique a un goût bien meilleur que les autres. D'autre part, on a vu que la viande n'était guère un aliment de premier choix, et il faut savoir qu'on peut faire une excellente cuisine en étant végétarien. Même si, ces dernières années, des restaurants d'alimentation saine et des magasins de produits naturels se sont développés, si de nombreux ouvrages traitant de ces sujets sont parus, le fait de ne pas manger de viande est souvent encore considéré comme anormal. Le dernier des snobismes, disait la revue *Lui*.

Il faut complètement dépoussiérer le légume triste du végétarien blafard et sectaire, prisonnier de doctrines alimentaires. Il faut laisser s'épanouir le visage du végétarien bon vivant, battant haut le pavillon de sa fantaisie, de son imagination, de son raffinement, de son sens de la qualité. Il est prouvé que les végétariens peuvent être de grands sportifs, de grands intellectuels! Pas de contre-indication, donc...

Préparer les repas et les savourer dans la paix et la joie, telle est l'une des règles fondamentales du sage gastronome. Des céréales (riz, blé, orge, maïs, millet), des légumes frais, des légumes secs, des fruits frais et secs, des produits laitiers, des huiles et des graisses végétales, du sucre, du miel, des herbes aromatiques et des épices, des levures, germes, etc., des œufs, telles sont « les matières premières » dont dispose le végétarien. A partir de là, on peut puiser dans l'arsenal des recettes de tous les pays et de tous les continents. Mais un bon repas végétarien ne se déroule pas sur le même modèle qu'un repas comportant viande ou poisson. Par exemple, on pourra présenter en même temps céréales et légumes préparés de différentes façons. Des sauces, des condiments, des croûtons, des oignons frits, des marinades, des purées de piment, des beurres de sésame ou d'ail, des levures, des fines herbes hachées apporteront des « à-côtés » pleins d'arômes.

Dans la cuisine plus classique, à la française, on retrouve les bouchées à la reine végétarienne, les tartes ou tourtes aux légumes, les gratins de légumes de toutes les couleurs (purée de carottes, purée d'épinards, purée de pommes de terre, etc.), les timbales de champignons, les veloutés. Les champignons, les olives, les quenelles de soja, le pâté végétal, la purée d'amandes, seront des découvertes ou des redécouvertes dans une cuisine végétarienne.

Les ratatouilles provençales, les légumes grillés aux herbes en brochette, les salades à l'huile d'olive, l'aïoli et le pistou, les courgettes, aubergines, tomates et poivrons farcis apporteront leur note ensoleillée.

On pourra faire une incursion du côté des sauces à la crème, du filet de crème dans les potages, les légumes, les purées. L'été, on pensera aux soupes froides, comme le fameux « gaspacho » andalou, aux salades de crudités, aux fruits mélangés, et aux préparations à base de yaourt salé, avec des épices, des concombres râpés, des oignons hachés menu, de la menthe.

L'hiver, on appréciera les soupes aux haricots, au pistou, les purées de pois cassés et de pois chiches riches en protéines, les potées campagnardes avec chou, carottes, navets, pommes de terre, oignons, haricots verts mijotant longuement à petit feu, sans oublier l'inénarrable potiron, qu'on peut évider, farcir de riz et cuire au four. Les petits déjeuners seront rutilants de miel, de pain croustillant, d'œufs à la coque. Les raisins secs, les figues, les dattes, les cacahuètes, les amandes ne sont pas seulement utilisés en dessert, mais dans un plat salé.

On trouvera toutes sortes de recettes dans le livre de M. Ballero : *Les Meilleures Recettes végétariennes du monde entier* (Albin Michel). Vous pouvez aussi consulter C. Hilaire : *Mes 150 recettes de légumes* (Retz) ou les recettes végétariennes de *La Vie claire.*

A vos casseroles! Et que bien manger soit aussi manger avec *plaisir.*

6

L'eau c'est la vie

La beauté d'un visage emperlé de gouttes d'eau, la beauté d'une fleur qui garde encore en son cœur quelques larmes de la rosée du matin, la beauté d'un corps ruisselant au sortir de l'eau : *l'eau c'est la vie.* Nous passons neuf mois dans un milieu liquide pour la formation de nos corps et nous sommes composés en grande partie d'eau : 80 %. L'eau nettoie, assouplit, régénère intérieurement et extérieurement. Par les boissons et les aliments nous en absorbons un à deux litres par jour. Chaude ou froide nous utilisons l'eau pour laver notre peau. Mais au-delà de cette propreté élémentaire, nous pouvons apprendre à élever notre énergie vitale et à augmenter notre bien-être par *l'hydrothérapie* connue depuis des temps très anciens. Que le mot « thérapie » ne vous abuse pas, il s'agit surtout d'utiliser quotidiennement les bienfaits de l'eau pour renforcer sa santé et de soulager éventuellement des troubles bénins.

J'ai toujours aimé l'eau. Petite fille, j'avais découvert en me regardant dans le miroir qu'après une longue ablution d'eau froide, ma peau était plus jolie, plus fine. Le bain ou la douche m'étaient, me sont toujours des moments d'exceptionnel bien-être. Trop de gens font du passage dans la salle de bains un acte machinal, hâtif, au lieu d'en faire un acte conscient et bénéfique. Les femmes, elles, sont souvent invitées à vivre dans la salle de bains un temps de raffinement, de détente. Savons parfumés, mousses onctueuses, laits hydratants pour la peau, serviettes éponges moelleuses aux couleurs éclatantes, brosses et pierres à poncer pour une peau toujours plus fine et douce, la gamme en est immense et ces superflus sont si agréables qu'ils en deviennent indispensables. Mais les gadgets ne peuvent se substituer à l'attitude intérieure, et l'accessoire ne doit pas faire oublier l'essentiel. Tout d'abord, dans la mesure du possible, donnez-vous un peu de temps et prenez plaisir au ruissellement de l'eau sur votre peau.

Détendez-vous. Faites de ce contact avec l'eau un moment à part, un moment de régénération pour votre corps. Selon vos goûts et vos habitudes, vous prendrez un ou plusieurs bains par semaine et des douches, et vous jouerez des vertus différentes et complémentaires de l'eau chaude et de l'eau froide. Pour vous permettre d'en user en toute connaissance de cause, nous vous proposons un inventaire des possibilités et des bienfaits de l'eau. Il faut savoir qu'en agissant sur la peau l'eau concerne tout l'ensemble de l'organisme, stimule aussi bien le foie, que les reins ou le cœur. Car la peau qui a de nombreuses terminaisons nerveuses répercute cette action au niveau des organes internes. La circulation du sang est stimulée, les pores de la peau s'ouvrent et permettent l'élimination des toxines. Selon les circonstances, selon votre état de santé et selon vos goûts, vous choisirez l'eau chaude, l'eau froide ou les deux.

Les délices du bain chaud

Le bain moyennement chaud se situe à 35-37°, c'est le plus connu et le plus pratiqué, le plus agréable aussi mais pas forcément le plus bénéfique. Seul le bain très chaud (38° à 42°) permet une action éliminatrice. En cas de refroidissement, rhume, bronchite, le bain très chaud se révèle souverain. Il est conseillé d'entrer progressivement dans le bain, de commencer à 35° et d'élever la température jusqu'à 40°. La durée du bain n'excède pas vingt à trente minutes et il faut prévoir ensuite de se relaxer pendant un quart d'heure au moins. Ceux qui ont des troubles cardiaques s'abstiendront de bains très chauds et demanderont des indications à leur médecin. Les effets du bain seront renforcés si on ajoute du sel fortifiant (environ 800 g pour 50 l d'eau), ou des algues, ou des essences de plantes. Vous avez peut-être déjà entendu parler de l'aromathérapie, certaines pharmacies affichent maintenant cette spécialité et offrent à la vente toute une gamme d'essences obtenues par distillation à partir des plantes. Dans le bain, les pores de la peau s'ouvrent largement au contact de la chaleur et absorbent facilement les principes actifs des essences de plantes. Plutôt que de colorer votre bain avec des produits chimiques, adoptez la formule exquise et saine des essences. Quelques gouttes suffisent : essence de pin, de thym ou de romarin, mais aussi de rose, de verveine ou de citron. Ces essences que l'on trouve dans certaines pharmacies et dans les magasins diététiques ne sont pas ruineuses, de 15 à 30 francs. Vous pouvez en acheter plusieurs et faire vos mélanges vous-même pour chaque bain. Autre formule : se frotter avec des essences au sortir du bain, mettre quelques gouttes sur un gant de crin. Vous aurez une peau de courtisane si vous vous enduisez d'un peu d'huile d'amande douce parfumée d'essence. Cette pratique devenue une habitude quotidienne vous préservera des rhumes et autres petites atteintes infectieuses. Nous aurons prochainement l'occasion de reparler d'aromathérapie.

Le bain est générateur de détente. Rêvez ou fermez les yeux. Vous entrerez ainsi facilement dans un état entre la veille et le sommeil qui aide l'organisme à se régénérer, à se recharger. Cet état est aussi créatif, des chercheurs ont trouvé dans leur bain la solution à un problème qui paraissait insoluble, tel dessinateur avoue avoir eu dans son bain l'idée d'un nouveau personnage. Mais il n'est pas nécessaire que vous cherchiez quoi que ce soit. Laissez-vous aller et faites de l'occasion un temps de retour à vous-même. Vous vous lavez ainsi extérieurement et intérieurement. Si vous vous sentez un peu ramollie, n'hésitez pas à découvrir le plaisir de la douche froide sur votre peau chaude. Vous en sortirez tonifiée, la peau rougie et pleine d'énergie.

L'héroïsme de la douche froide

Ne frémissez pas d'avance et habituez-vous à cette idée : *L'eau froide est une merveille pour votre santé.* Sachez cependant que les applications d'eau froide sont très courtes et que plus le corps sera chaud, plus la réaction sera forte et bénéfique. Que se passe-t-il quand on prend une douche froide? Les vaisseaux sanguins se rétractent puis se dilatent, procurant une rougeur de la peau et une sensation de chaleur.

La douche froide dure de trois à cinq minutes et ne se fait pas n'importe comment. Il vaut mieux disposer d'une bonne pression. On commence par le talon du pied droit, on remonte le long de la jambe, de la cuisse, on redescend et on fait la même chose avec l'autre jambe. On envoie l'eau sur les hanches et les reins, on remonte sur le côté, on passe sur le haut du dos et de l'autre côté du dos puis on arrive aux bras et au-devant du corps, en décrivant des cercles sur la poitrine et sur le ventre. Après cette douche très brève, votre peau sera rougie, il est conseillé de ne pas s'essuyer, de faire quelques mouvements et de s'habiller.

Il est reconnu que la pratique quotidienne de la douche froide combat les troubles de la circulation, l'obésité et les rhumatismes. J'ai pris l'habitude au réveil d'une courte douche chaude suivie d'une douche froide non moins courte, je termine par une friction au gant de crin avec quelques gouttes d'essence odorante et je commence la journée avec une bonne énergie. Si la douche froide vous terrifie, adoptez les douches plus locales, sur les bras et les jambes. Les lourdeurs des jambes sont combattues par des douches froides du talon au genou. En cas de troubles nerveux on peut essayer une douche froide de la main à l'épaule, à l'extérieur puis à l'intérieur. La douche froide est une question d'habitude. D'abord on est réticent, surpris puis on apprécie... la sensation de bien-être qui suit une douche froide est incomparable...

> Sachez qu'on peut soigner une conjonctivite par une douche des yeux. On améliore aussi la beauté du regard en plongeant quotidiennement le visage dans l'eau froide, yeux ouverts et fermés alternativement.

Des bains et des goûts

Le bain froid : si beaucoup de gens connaissent et pratiquent le bain chaud, très peu penseraient à prendre un bain froid. Il est pourtant recommandé pour se fortifier, se tonifier, augmenter sa résistance. Il se prend le matin au lever en commençant par un bain tiède et en diminuant progressivement la température, il ne dure pas plus de trois minutes. Il est d'autant plus bénéfique qu'on se recouche un quart d'heure au chaud.

Le bain de siège : redécouvrons le bain de siège, cher à nos grands-mères et souverainement bénéfique. A première vue l'idée paraît peut-être un peu rébarbative, mais on est convaincu à l'usage. On remplit d'eau froide aux deux tiers la cuvette du bidet et on s'assied dedans pendant quelques minutes. Le bain de siège fortifie tous les organes du bas-ventre, soigne les maux de tête. Si on ne supporte pas l'eau froide, on peut adopter le bain de siège très chaud. Après une longue course en voiture, le bain de siège défatigue merveilleusement.

Le bain de pieds : redécouvrez aussi le plaisir de patauger. Le bain de pieds a besoin d'être remis à l'honneur car il est très efficace pour les nerveux, les fatigués. Il se prend à 35° et on peut renforcer son effet en ajoutant une poignée de sel marin ou quelques gouttes d'essence de plante. Pour ceux qui transpirent des pieds, un bain alternatif est conseillé, deux minutes à 35° et une minute à 10°. Le bain de pieds froid décongestionne les jambes, lutte contre la fatigue. On le prend soit assis, sois debout en piétinant dans l'eau pendant deux à trois minutes.

Il nous vient du Sud : le bain de vapeur

Quand je suis allée au Maroc, j'ai pris un très grand plaisir à la fréquentation des hammams, ces établissements publics et payants qui reçoivent toute la population pour un nettoyage en profondeur. Quand on va au hammam on prend son temps, on s'accorde plusieurs heures de remise en forme. Le hammam se compose de plusieurs pièces, au moins trois, dont la température s'élève. On passe de l'une à l'autre progressivement et selon ses possibilités physiques. On peut s'asperger d'eau chaude ou froide aussi souvent qu'on le désire. La vapeur chaude ouvre les pores de la peau et déclenche une sudation intense. Les impuretés et les toxines sont ainsi éliminées. Ce bain de vapeur a incontestablement une valeur supérieure à nos bains en baignoire. On trouve à la mosquée de Paris un hammam dans la meilleure tradition ouvert alternativement pour les hommes et pour les femmes un jour sur deux. Une masseuse spécialisée élimine au gant de crin les cellules mortes et vous aurez la surprise de découvrir que deux heures de savonnage divers n'empêchent pas de débusquer sous la main de la masseuse une couche d'impuretés plus profonde. Avant de sortir vous goûterez le repos sur des divans en sirotant un thé à la menthe.

Il nous vient du Nord : le sauna

Il nous vient de Finlande où les habitants le pratiquent au moins une fois par semaine. Le sauna fait partie la plupart du temps des installations d'une maison individuelle ou d'un immeuble. C'est une pièce rectangulaire d'environ vingt mètres et de deux mètres de hauteur. Les murs sont en bois et d'épaisseur double avec des isolants thermiques qui permettent de conserver la chaleur à l'intérieur. Le foyer à bois ou électrique recouvert de pierres volcaniques diffuse la chaleur dans toute la pièce. La température peut atteindre 100°, elle n'est pas inférieure à 80°. A la différence du hammam qui est un bain de vapeur, le sauna est un bain de chaleur sèche.

Une séance de sauna commence par une douche chaude qui ouvre les pores. On entre dans le sauna et on y reste un quart d'heure, la température s'élevant progressivement. On réhydrate l'air de temps en temps en versant de l'eau sur les pierres chaudes. On prend une douche chaude ou on plonge dans une piscine froide, on s'essuie et on revient dans le sauna pour un nouveau quart d'heure. En sortant on prend une nouvelle douche froide, on s'allonge et on se repose. L'élimination par la sueur est très importante dans une atmosphère sèche. Le sauna apporte une grande sensation de détente et de bien-être, il désintoxique. Le sauna permet de perdre du poids mais on reprend assez vite des kilos. Pour obtenir un résultat il faut envisager des séances régulières. Il ne faut pas abuser du sauna car il peut fatiguer le cœur et déminéraliser.

Des établissements comportant des saunas se sont créés ces dernières années à Paris et dans certaines grandes villes. On peut également se procurer des installations individuelles mais cette solution reste onéreuse en France.

La thalassothérapie

Soigner par l'eau de mer, telle est cette technique ancienne récemment remise à la mode. L'eau de mer contient de précieux éléments, magnésium, calcium, potassium, chlorure de sodium, oligo-éléments, métaux, métalloïdes qui pénètrent dans la peau. Tous les échanges cellulaires se trouvent stimulés. C'est une action de désintoxication, de réveil global de l'organisme. La meilleure cure de thalassothérapie est celle que l'on prend soi-même en se baignant dans l'eau de mer, en nageant, en faisant de l'exercice. Mais il existe aussi des installations plus sophistiquées où vous pouvez bénéficier de différentes techniques et où votre problème spécifique sera pris en charge. Ces cures d'eau d'une ou plusieurs semaines utilisent les propriétés thermiques, chimiques et dynamiques de l'eau. Elles s'adressent aux déprimés, aux fatigués, à ceux qui veulent perdre de l'embonpoint, à ceux qui veulent accroître leur vitalité. Certaines techniques sont passives (bains, douches, repos), d'autres actives (exercices dans l'eau). Les propriétés des algues sont utilisées dans des baignoires équipées de systèmes qui rendent l'eau bouillonnante, turbulente. Un véritable massage est ainsi réalisé sur tout le corps et les principes actifs des algues ont une pénétration maximale. Certains bains contiennent également du sel marin, à raison de deux kilos par bain (propriétés toniques et fortifiantes) ou encore de boues et de limons qui sont reminéralisants, dépuratifs et antirhumatismaux, des plantes en essence ou en décoction. Dans le même bain, on peut utiliser des associations d'algues marines et des complexes aromatiques. Les différentes installations d'eau sous pression et de jets dans les baignoires réalisent un massage, une relaxation et un drainage. Ces bains sont généralement de courte durée et progressifs, 10 à 20 minutes. Les bains toniques sont effectués à une température inférieure à 38°, et les bains défatigants à une température supérieure à 38°. Ils sont obligatoirement suivis d'un repos allongé. On trouve des installations de thalassothérapie en bord de mer, mais aussi à Paris en instituts. D'une manière générale, on peut attendre de ces cures d'une part qu'elles nettoient l'organisme, d'autre part qu'elles revitalisent.

Recharger ses batteries

La plupart des soins par l'eau se pratiquent chez soi, quotidiennement, sans grands frais. Ils sont l'occasion d'une intimité heureuse avec son corps, avec soi-même. Ces gestes simples qui ont été pratiqués et redécouverts de siècle en siècle vous permettront de recharger vos batteries, de refaire le plein d'énergie. Leur efficacité, notamment sur le plan circulatoire et nerveux, vous surprendra. Prenez donc grand plaisir à entrer en contact avec le pouvoir de l'eau, celui des plantes et des essences. N'attendez pas d'être malade pour vous offrir des cures de remise en forme car il vaut mieux *prévenir que guérir.*

Ce cher abbé Kneipp

On lui doit une codification des principes de l'hydrothérapie. Il est né en 1821, dans le sud de l'Allemagne. De parents pauvres, il doit travailler pour payer ses études et accéder à son désir d'être prêtre.

Le surcroît de travail et les privations le conduisent à une grave affection pulmonaire. Mais il découvre un ouvrage sur la puissance curative de l'eau froide. Il plonge dans le Danube tous les matins et il guérit. Devenu prêtre-médecin, il reçoit des malades de toute l'Allemagne.

Il publie *Ma cure d'eau* et *Comment vous devez vivre.*

Selon lui, on fortifie la résistance de l'organisme aux maladies par des applications d'eau froide de courte durée. Plus le corps est chaud, plus la réaction sera efficace. L'alternance eau chaude, eau froide est particulièrement recommandée.

Les techniques de Kneipp sont redécouvertes aujourd'hui et font partie des méthodes naturelles de guérison.

BAIN DE BEAUTÉ ANTIQUE

300 g de sel marin
100 g de sel de Vichy
500 g de miel de tilleul
ou de romarin

3 à 4 litres de lait
2 cuillerées de purée
d'amandes douces
4 cuillerées d'olive vierge

Coûteux mais folklorique! A essayer!

POUR LE BAIN

Calmant : Quelques gouttes d'essence de tilleul ou 250 g de tilleul pour 100 l d'eau. On laisse infuser dans l'eau bouillante une heure environ.

Stimulant : Quelques gouttes d'essence ou 500 g de romarin pour 100 l d'eau.

Analgésique et fortifiant : Quelques gouttes d'essence de camomille ou 100 g pour 100 l d'eau.

Fortifiant : Bain de sel. 80 g de sel pour 500 l d'eau.

Minéralisant : 250 g de prêle pour 100 l d'eau.

7

Bouger, bien sûr

Et trouvez votre rythme...

LA MARCHE – LE FOOTING – LA BICYCLETTE
LA NATATION – LA GYMNASTIQUE

Aérobic... le mot est trop à la mode pour qu'on lui échappe. Il n'y aura bientôt qu'un synonyme au mot gymnastique et ce sera aérobic, comme on dit parfois Frigidaire pour un réfrigérateur.

L'aérobic fait grincer des dents les purs... les tenants de longue date d'un art de vivre bien compris. Mais après tout, *si les phénomènes de mode favorisent l'évolution du public* vers une connaissance de son corps, un goût à l'entretenir, à le modeler, il y aura des engagements sans suite mais aussi des résultats plus durables.

Les fanatiques des sports quels qu'ils soient sont comme tous les fanatiques, des gens dangereux pour eux-mêmes et les autres, des êtres parcellaires qui s'enferment dans un aspect de la vérité. Il y a une joie à bouger, une joie profonde et vitale à respirer, à accélérer le rythme du cœur, à transpirer, à pousser la machine un peu plus à fond que dans les heures du quotidien. L'oxygénation des cellules, l'oxygénation de la peau, des organes, du cerveau, procure un bien-être incomparable. Et puis le plaisir d'un corps souple, de muscles jouant sous une peau souple et sans graisse.

La santé rejoint la beauté.

Bouger signifie surtout ACCÉLÉRER la machine biologique; il est bon au moins une fois par jour de passer de 60 km/h à 100 km/h, que ça ronfle, que ça circule plus vite... histoire d'entretenir une petite forme.

Une bonne marche à pied, un petit footing, quelques kilomètres à bicyclette, quelques brassées de nage, ou une demi-heure de mouvements de gymnastique bien compris feront l'affaire. Je parle ici d'un entretien quotidien. Il est bien évident que la pratique d'un sport comme le tennis ou le ski, etc., s'inscrit dans cette perspective.

QUELQUES MOUVEMENTS DE GYMNASTIQUE

Mettez-vous à l'aise, collant de gymnastique de préférence. Adopter une tenue procure déjà une préparation psychologique. Préparez une couverture de sol pour pouvoir vous allonger.

Selon le temps dont vous disposez, vous consacrerez ainsi 20 minutes ou une heure à une mise en forme. Au début, il vous sera peut-être difficile de trouver le temps et la disponibilité. Mais pensez à tout le temps que vous passez à bavarder, à manger ou à faire des choses qui ne vous apportent ni bien-être ni satisfaction réelle.

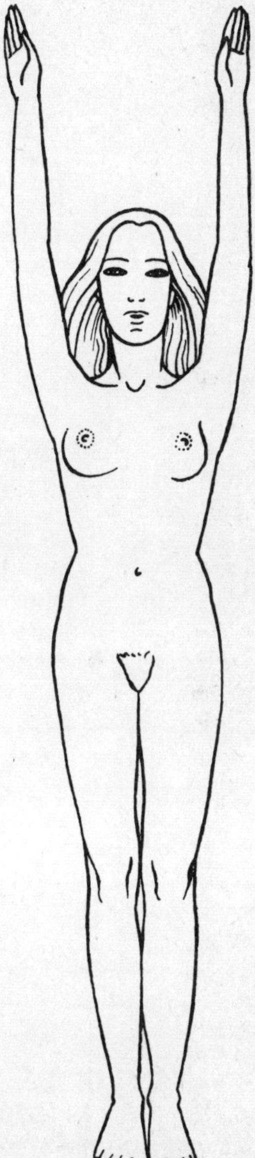

1. Debout, vous élevez les bras et vous inspirez profondément. Vous commencez une dizaine de moulinets avec les bras en dégageant bien les épaules (1).

2. Puis, vous continuez par des moulinets des épaules. Il faut adopter un certain rythme de 10 ou 20 mouvements répétés. Une musique peut vous aider, mais ce n'est pas indispensable. Nous disposons aussi d'une musique intérieure et il est intéressant de se mettre à l'écoute de son propre rythme.

3. Vous courez sur place pour vous échauffer.

1

2

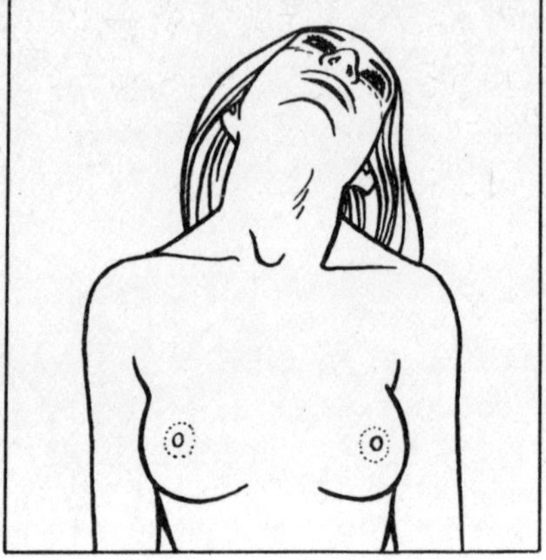

4. Mouvements de rotation du cou pour assouplir la nuque toujours un peu raide (2).

5. On étire le cou vers l'épaule droite, puis gauche, droite puis gauche, une dizaine de fois (3).

3

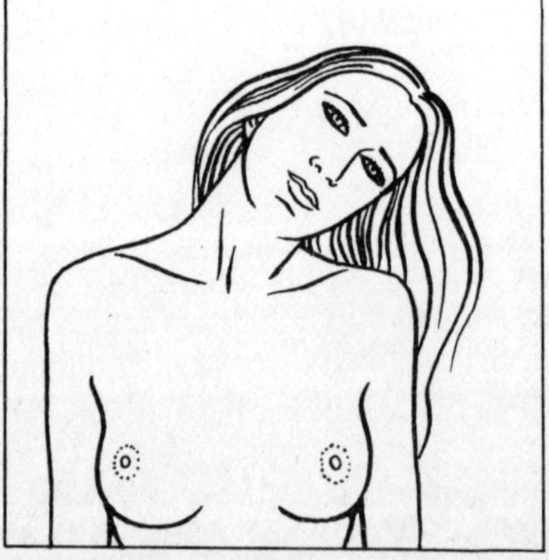

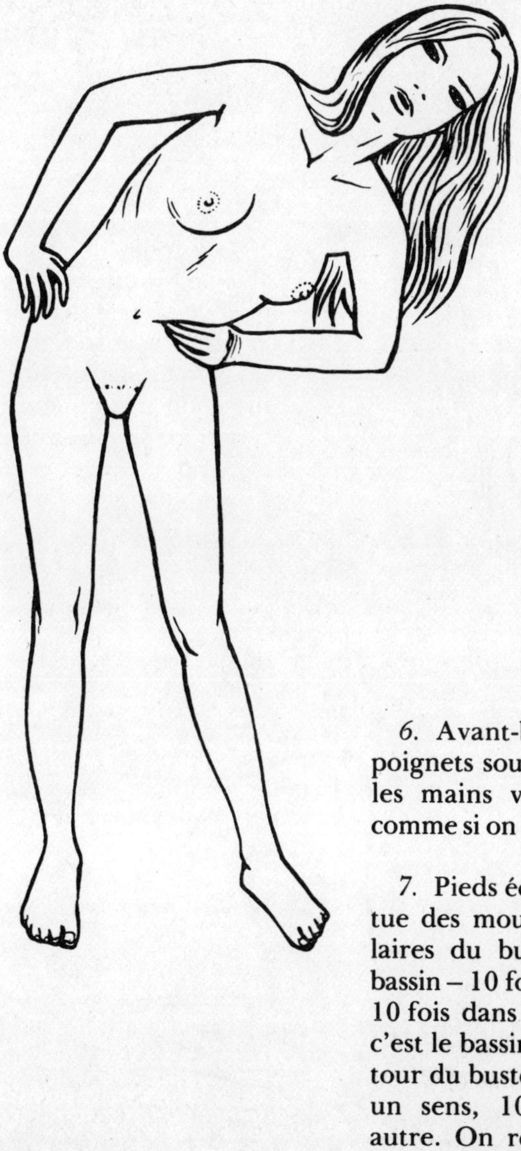

4

6. Avant-bras repliés, poignets souples, on secoue les mains vigoureusement comme si on battait des ailes.

7. Pieds écartés, on effectue des mouvements circulaires du buste autour du bassin – 10 fois dans un sens, 10 fois dans un autre. Puis c'est le bassin qui pivote autour du buste – 10 fois dans un sens, 10 fois dans un autre. On respire toujours profondément (4).

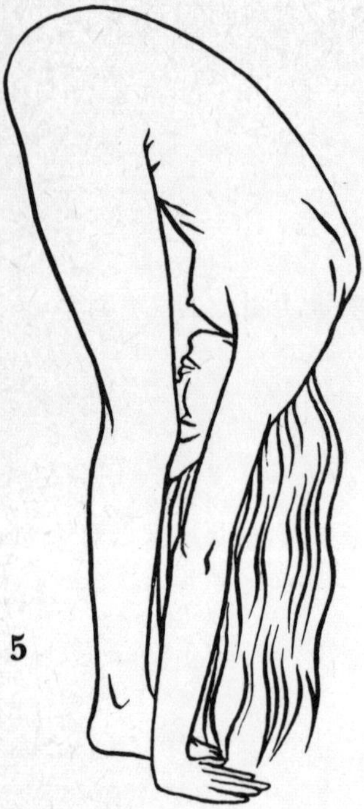

5

8. Jambes tendues, on abaisse le buste vers l'avant jusqu'à ce que les mains touchent le sol et que la tête embrasse les genoux. On répète 5 fois en inspirant en se relevant, en expirant en se baissant (5).

6

9. On se redresse. On fait 10 flexions. On souffle le buste sur les jambes, les bras souples.
Encore 10 flexions. On souffle (6).

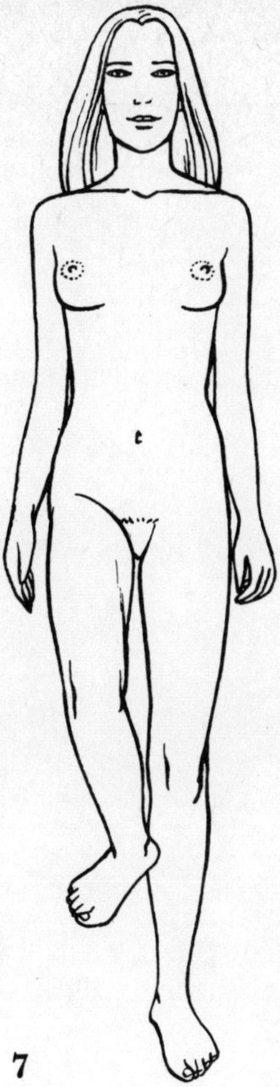

7

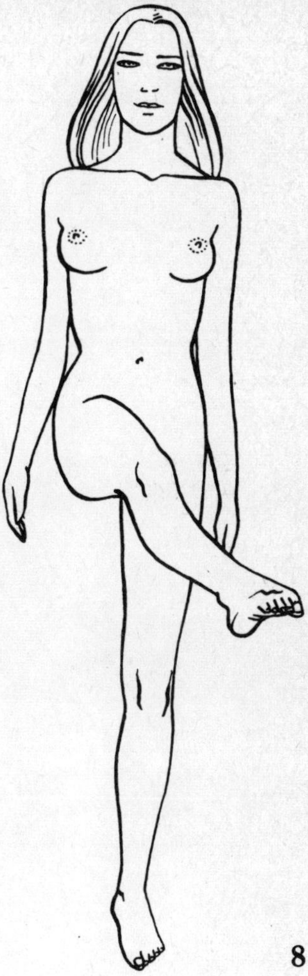

8

10. En équilibre sur une jambe, on travaille la souplesse de la cheville, 10 fois dans un sens, 10 fois dans un autre, par rotation (7).

On change de jambe et on recommence.

11. En équilibre sur une jambe, on plie l'autre jambe en la remontant et en la tendant, on lui fait faire un demi-cercle, on la ramène devant, et on recommence une dizaine de fois. On change de jambe (8).

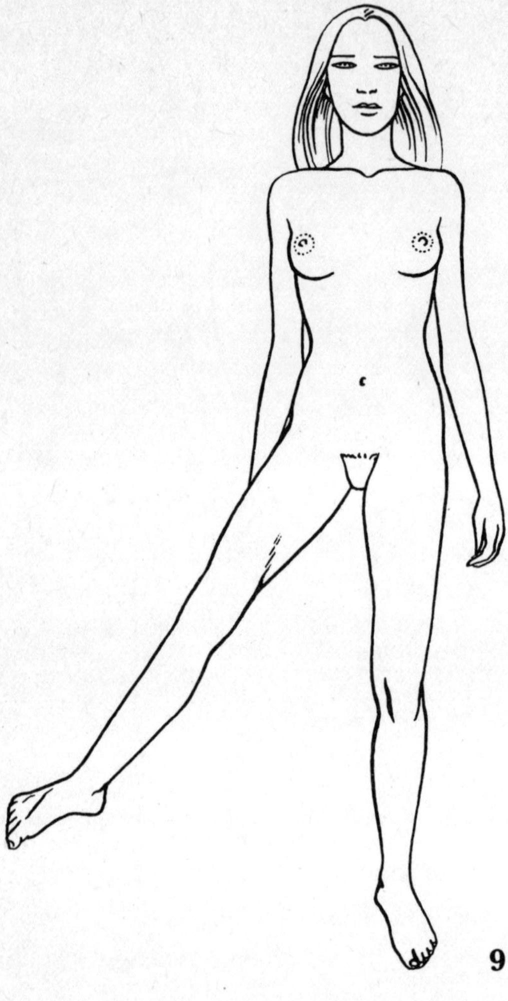

9

12. Toujours en équilibre sur une jambe, on décrit des cercles sur les côtés avec l'autre jambe tendue, 10 fois.

On change de jambe (excellent pour le haut des cuisses).

On se repose en soufflant, buste sur les jambes (9).

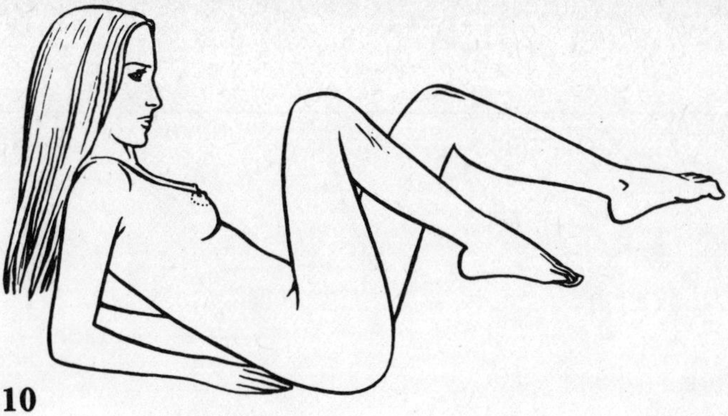

10

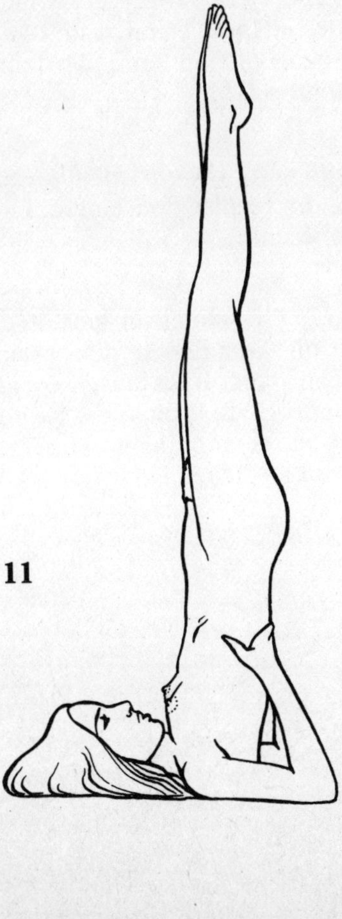

11

13. On s'assied, on s'allonge et on commence les « abdominaux ».

Pédalage classique (une centaine).

Puis, plus bas, puis plus bas encore en augmentant progressivement l'effort. Vous devez sentir les muscles tendus de votre ventre. Plus les jambes sont près du sol, plus l'exercice est difficile. Vous pouvez faire des pédalages ou des battements (10).

14. On s'allonge, on se repose quelques secondes, puis on élève le corps en équilibre sur le cou, en maintenant fermement le dos avec les deux mains. On reste dans cette position une ou deux minutes (11).

12

15. On abaisse les jambes en arrière, tendues, on touche le sol derrière la tête aussi loin que possible, et on reste dans cette position une à deux minutes (12).

16. On revient allongé au sol, on respire doucement. On se détend.

17. On se met sur le ventre, et on commence une série d'exercices sur les bras, le corps s'approchant le plus possible du sol et remontant (10 fois si possible) (13).

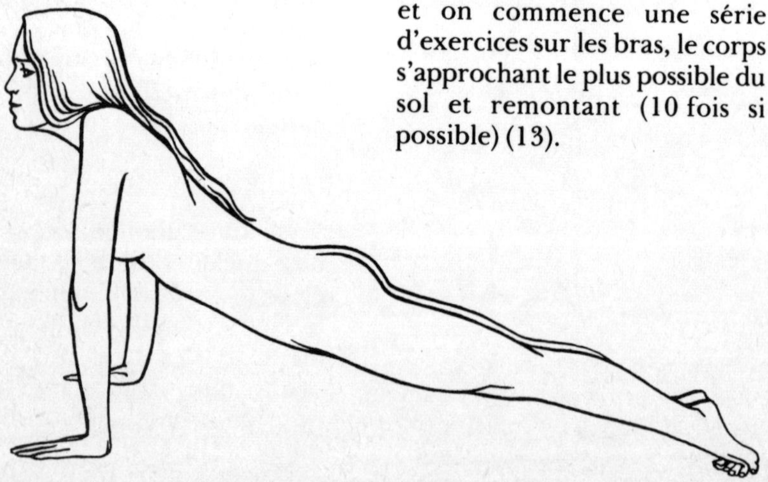

13

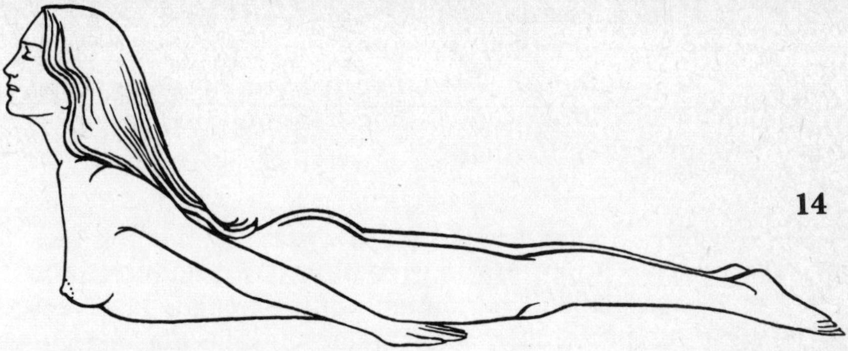

14

18. On laisse la partie inférieure du corps au sol, jambes tendues, et on décolle la partie supérieure en pensant à l'attitude du cobra qui dresse sa tête. On reste quelques secondes dans cette position, et on revient. On recommence 5 fois (14).

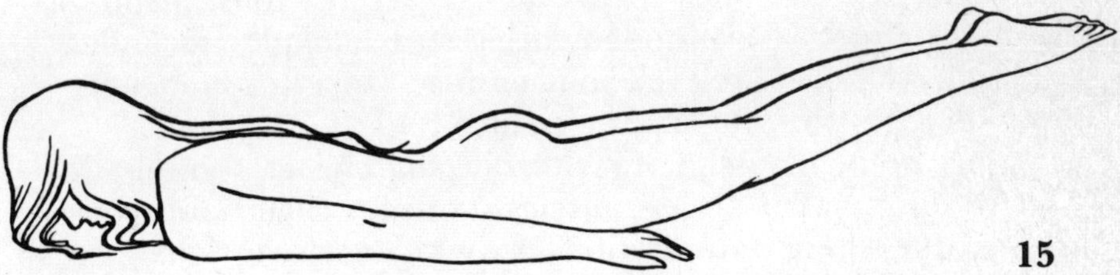

15

19. On élève les deux jambes tendues en même temps aussi haut que possible (15).

20. On s'allonge, on se détend, deux à cinq minutes. On peut prolonger ces vingt minutes d'exercice par une séance de respiration et une méditation.

Certains exercices demandent un certain entraînement. Ne forcez pas au début. Apprenez à doser vos efforts. Et si vous n'avez pas du tout l'habitude d'assouplir votre corps, commencez par lui redonner une certaine aisance par la marche à pied et le footing.

Une promenade d'une demi-heure (plus, naturellement, si vous le pouvez) vous apportera oxygénation des cellules et mise en forme musculaire. Évidemment, la promenade en pleine campagne est préférable, mais même en ville une marche d'une demi-heure apporte ses bienfaits. Chaussures plates, vêtements confortables... et le nez au vent.

Un jogging, un petit jogging sans prétention, qui ne fait pas appel à l'endurance, du moins au début. Écoutez comment réagit votre organisme. Partez à toutes petites foulées, très ralenties; retenez votre foulée, échauffez vos muscles, surveillez votre respiration, trouvez votre rythme.

Progressivement vous courez plus vite, mais toujours relativement lentement pour ne pas vous essouffler. Si vous ne forcez pas et si vous respirez bien, vous ne devez pas éprouver de point de côté. Mais si c'est le cas, arrêtez-vous, inclinez le buste, expirez profondément, restez quelques secondes poumons bloqués, relevez-vous en inspirant. Recommencez une ou deux fois. Repartez à petites foulées.

Vous pouvez aussi faire alterner marche et footing. Il arrive un moment où les muscles sont plus chauds, où vous sentez une légère transpiration, et vous contactez le deuxième souffle. Selon votre âge, votre entraînement, et vos qualités physiques, votre footing sera plus ou moins long.

Ne cherchez pas à forcer. Votre objectif n'est pas celui d'une compétition, votre objectif est le bien-être. Si vous pratiquez un petit footing quotidien d'une demi-heure, trois quarts d'heure, vous vous apercevrez rapidement que vous faites des progrès. Plus d'essoufflement, plus de fatigue au bout de cinq cents mètres. Votre rythme cardiaque se tonifie, vous êtes en meilleur équilibre physique et psychique!

Une promenade à bicyclette

Les bienfaits de la bicyclette sont aussi très nombreux. Les jambes se galbent, les articulations se dérouillent, les muscles s'assouplissent, la circulation s'active, la capacité respiratoire augmente. Les Scandinaves et les Hollandais vont jusqu'à lui attribuer leur longévité. Une promenade d'une heure à bicyclette ne fatigue pas, permet un contact avec la nature, si vous êtes à la campagne, et procure un bain d'air.

La natation

Nager tous les jours pendant une demi-heure, c'est se procurer un entraînement et une détente assez idéale, mais malheureusement, il n'existe pas souvent une piscine facilement accessible; et les points d'eau naturels, quand ils ne sont pas pollués, ne sont valables que dans certaines conditions climatiques.

Pratiquée régulièrement, la natation procure d'immenses bienfaits à l'organisme. Elle corrige les déformations de la colonne vertébrale, assure une meilleure coordination des mouvements, allonge la silhouette, améliore le rythme cardiaque, développe la capacité thoracique, renforce les muscles des épaules, des bras, des jambes, conserve aux articulations élasticité et amplitude, etc.

De plus, l'eau est un milieu différent de l'air, et par là même, procure d'autres sensations, donne d'autres possibilités musculaires.

Dans la mesure des connaissances, l'alternance de toutes les techniques de nage sollicite tous les muscles.

Pour ceux qui aimeraient dépasser le cadre d'une activité hygiène-plaisir d'une demi-heure, une heure, et s'engager dans une pratique sportive suivie, *voici quelques adresses* :

POUR LES RANDONNÉES

1. Allô-Forêt (*tél :* 551.61.71).
2. Office national des forêts : 70, rue de la Paroisse 78000 Versailles (*tél :* 951.03.00).

3. Comité national des sentiers de grande randonnée (C.N.S.G.R.) : 92, rue de Clignancourt, 75018 Paris, qui édite des topoguides sur les sentiers, les moyens de ravitaillement et d'hébergement.
4. Guide *Sentiers et Randonnées* (Fayard).

POUR L'ESCALADE

1. Fédération de la montagne : 7, rue La Boétie, 75008 Paris (*tél :* 265.54.45).
2. Touring-Club de France : 65, avenue de la Grande-Armée 75016 Paris (*tél :* 502.14.00).
3. Camping Club de France : 218, boulevard Saint-Germain, 75006 Paris
4. Fédération des parcs naturels de France : 45, rue de Lisbonne, 75008 Paris
5. La Grande Traversée des Alpes françaises : 16, rue Pierre-Dupon, 38000 Grenoble.

8

Le corps de joie!

« Entre la volupté du jour finissant et la tentation de l'éternel. »

Denise DUBOIS-JALLAIS

Fragments d'un parcours
Sommeil contradictoire

A corps entier

Imitant l'inclinaison des feuilles
leur chute ralentie dans le velouté de l'automne
suspendue entre ici et le temps sans échelle
à l'écoute de l'animation qui s'amenuise

Je m'accompagne
et me coule dans une absence moelleuse

Toute pesanteur se disperse
je me délivre de mes confins

Les marges du possible s'évasent
je m'adonne à l'intérimaire vie

A corps entier
je monte la garde
pour retenir l'instant

Éperdument je veille
et combats les torpeurs
la pensée s'épaissit
les mots se débandent
membre après membre
le sommeil m'entraîne
dispose de mon sang
m'attire dans les orifices de l'absence
m'amène bois mort
au littoral du rien ou du surcroît
caves ou soleils me happeront

Andrée CHEDID

Se relaxer

Entrer dans un état de BIEN-ÊTRE...

Corps de joie = corps de détente.

On imagine mal la joie chez un individu énervé, stressé.

La relaxation ne nous intéresse pas ici en tant que thérapeutique, mais en tant qu'art de vivre, qu'il est nécessaire d'apprendre au même titre que la nage. Dans une époque comme la nôtre où personne n'échappe à un climat général psychique de nervosité, d'angoisse, il est important de découvrir *l'interaction corps-esprit.* En agissant sur le corps par l'esprit, on obtient une action du corps sur l'esprit ; la détente physique se propage par onde pour libérer la tension du mental.

L'ensemble des conditions modernes d'existence oblige l'organisme à trouver de nouveaux moyens d'équilibre et de défense : la relaxation, comme la brosse à dents, devrait faire partie de l'hygiène actuelle. Elle permet de lutter efficacement contre le stress. Elle repose sur le principe simple de se mettre à l'écoute de son corps, de découvrir ses besoins, ses tensions. On parvient à cette prise de conscience du corps par une *série d'exercices apaisants.* Pour se relaxer, il faut apprendre à respirer, à créer avec ses membres de la pesanteur, de la chaleur. Fidèle à l'esprit de ce livre, je vous proposerai d'abord des exercices que vous pouvez effectuer seul. Mais on peut aussi apprendre sous la direction de quelqu'un d'autre, tout comme le maître nageur a son utilité quand on apprend à nager.

Il faut une pièce isolée des bruits et du téléphone, plongée dans une demi-obscurité, ou avec un éclairage doux et des couleurs harmonieuses.

I. Pour décontracter votre visage, pour effacer les traces de fatigue :

1. Froncez les sourcils très fortement. Relâchez.
Recommencez sur un rythme rapide puis de plus en plus lent.
2. Plissez le front d'un air très, très soucieux, en insistant avec les mains. Relâchez.
3. Serrez les mâchoires en grimaçant fortement. Relâchez.

II. Allongez-vous à plat sur le dos.
Contrôlez votre respiration, pour installer le calme. Inspirez très fortement en bombant le ventre et en dilatant au maximum la cage thoracique. Puis vous expirez le plus lentement possible et à fond!

III. En position assise en tailleur, décrispez les muscles du cou. Soulevez la tête lentement pour contracter la nuque, puis laissez-la tomber en avant, comme si elle était toute molle. Restez ainsi quelques instants, les yeux fermés.

IV. Prenez conscience de votre corps. Allongé sur le dos, puis sur le ventre, laissez reposer le corps pour découvrir ses points d'appui. Les pressions des vertèbres, des mains, du dos, du ventre, procurent une impression de détente.

V. Soyez économe de votre énergie. Couché sur le dos, soulevez une jambe, en la pliant légèrement. Vous éprouverez alors une sensation de lourdeur. Relâchez.

VI. Découvrez vos tensions.
Allongé, respirez calmement. Soulevez doucement le bras à l'oblique. Contractez-le fortement en concentrant votre attention sur ce geste. Relâchez doucement. Faites le même exercice avec l'autre bras, puis avec les jambes.

QUELQUES TRUCS...

I. *Quand on est resté trop longtemps assis sans bouger.*

1. Debout, levez un peu plus haut les bras chaque fois que vous inspirez, en mimant le pneu qu'on gonfle. A l'expiration, restez

immobile. Au bout de cinq respirations, vous êtes gonflé à bloc, le pneu se dégonfle brusquement et vous lâchez tout sur une profonde expiration. (Vous pouvez rire, le rire est aussi une détente.)

2. Haussez les épaules plusieurs fois rapidement en pratiquant une respiration rapide qu'on appelle le « soufflet ». Ou sautillez d'une jambe sur l'autre en faisant le « soufflet ».

II. *Quand on a écrit trop longtemps* (pour reposer les yeux).

Tournez les yeux de gauche à droite et de droite à gauche, dix fois doucement sans bouger la tête.
Même chose de bas en haut et de haut en bas doucement, en regardant bien ce que le regard parcourt. Faites tourner les yeux dans un sens puis dans l'autre.
Mettez les paumes sur les yeux et restez quelques instants à reposer les yeux ouverts ou fermés dans le noir comme dans une chambre tranquille lorsqu'on a tiré les doubles rideaux.

III. *Pour reposer les mains crispées par la plume.*

1. Fermez les poings et tournez les poignets cinq fois dans un sens, cinq fois dans l'autre. Puis ouvrez les mains et faites grimper les doigts les uns sur les autres.

2. Mains ouvertes, paumes tournées vers le haut, vous vous entraînez à fermer les doigts successivement en commençant par le pouce comme on ferme un éventail.

3. Vous fermez les poings et vous les ouvrez plusieurs fois de suite.

IV. *Pour reposer le mental.*

Vous émettez les sons des voyelles en plaçant la main sur les différentes parties du corps concernées pour percevoir la vibration au niveau du ventre, de la poitrine, de la tête.

On peut aussi faire appel à l'intervention d'un « relaxateur » qui vous engage dans le processus par le son de sa voix et ses injonctions. Il arrive en effet qu'on soit dans un état de tension chronique, et le seul désir de se relaxer ne parviendra pas à vous faire entrer dans un état de détente. Il vous faudra de la patience, du temps et l'aide d'un thérapeute. Petit à petit, vous apprendrez à vous relaxer, à vous débarrasser des parasites intérieurs (gestes inutiles, contraints ou tendus) de votre comportement et à pratiquer *une économie nerveuse* par la décontraction musculaire qui vous permettra un meilleur équilibre entre votre corps et le milieu.

UN PEU D'HISTOIRE... UN PEU DE CONNAISSANCE

La relaxation a ses lettres de noblesse dans l'histoire médicale et deux inventeurs, l'un psychiatre et allemand, J. H. Schultz, l'autre physiologiste et américain, Edmund Jacobson; Schultz pose les bases du *training autogène* et Jacobson celles de la *relaxation progressive.*

1. *Le training autogène :* Il a pour but de défaire les tensions de *l'intérieur.* (Et non pas de l'extérieur comme dans un massage.) La décontraction musculaire s'accompagne d'une lourdeur dans le corps et d'une sensation de chaleur diffuse. On l'obtient en s'abandonnant à des représentations intérieures. C'est une « déconnection de tout l'organisme », une « plongée à l'intérieur de nous-mêmes ».

Les premières suggestions sont de laisser les yeux se fermer, puis de se concentrer sur la formule « Je suis tout à fait calme » en se laissant envahir par une sensation de bien-être et de quiétude. On peut aussi se représenter des paysages calmes et sereins.

Puis on se concentre sur la formule « mon bras droit est lourd », en essayant de se représenter mentalement un bras lourd, énorme ou volumineux. Après trente secondes, on fait un retour à la réalité en pliant le bras, en ouvrant les yeux.

Après quelques séances, il est facile de parvenir à cette sensation qui se communique dans tout le corps sans qu'on ait besoin de faire l'exercice pour chaque muscle particulier.

Un autre exercice consiste à donner comme suggestion « mon bras droit est tout chaud », puis, progressivement, « tout mon corps est chaud ». Au bout d'une demi-heure, cette sensation de chaleur disparaît généralement d'elle-même.

Ces deux exercices sont à la base du training autogène. Les sensations de lourdeur et de chaleur ne sont pas subjectives et peuvent être mesurées. Ces exercices, au début, ne doivent pas durer plus d'une demi-heure ou trois quarts d'heure.

La méthode de Schultz comporte encore d'autres exercices portant sur la régulation cardiaque et respiratoire, mais comme ils ne doivent pas être pratiqués en dehors d'un contrôle thérapeutique, il n'est pas utile de les développer ici.

Vous devez surtout savoir qu'il s'agit d'une méthode pour « gens normaux » qui veulent acquérir une certaine maîtrise de soi, à partir de l'apprentissage global d'une détente physique et mentale.

2. La méthode de Jacobson s'appelle *relaxation progressive.* Jacobson est parti de l'interaction qui existe entre tonus musculaire et activité cérébrale, les deux faces d'un même système de relation aux autres et au monde. Sa méthode est fondée non sur la suggestion mais sur la *décontraction musculaire;* le patient doit être entraîné à observer ses tensions et à les relâcher. Il faut apprendre à atteindre un *degré zéro* de l'activité nerveuse des muscles.

Cette relaxation progressive travaille d'abord sur les muscles volontaires et, par répercussion, sur la musculature lisse. *On progresse de muscle en muscle jusqu'à ce qu'on sache relaxer le corps entier.*

On plie un muscle et on devient attentif à la tension créée, puis on relâche. Ceci est exécuté pour le poignet, les bras, les jambes, le torse, les yeux, etc.

Jacobson complète sa méthode par une *relaxation mentale* par *visualisation concrète* (un train qui passe, par exemple), puis abstraite (problème de calcul), par prononciation de voyelles, et par décontraction des muscles des yeux et de la mâchoire.

Ces deux méthodes, celle de Schultz et celle de Jacobson, sont ici brièvement évoquées pour montrer qu'on peut passer par des méthodes très différentes pour obtenir un même résultat. Celle de Schultz part du centre, celle de Jacobson, de la périphérie. Il existe aussi des méthodes *qu'on pourrait dire contemplatives ou introspectives.* Elles sont reliées à des philosophies, à des visions du monde plus globales et elles mettent en cause non pas le corps physique, ni même l'aspect émotionnel, mental et imaginaire, mais l'*être* dans son entier et sa place harmonieuse dans l'univers. Elles agissent donc à différents niveaux de manière à restaurer cette harmonie. Elles créent un état d'esprit positif en face du monde extérieur. Elles éveillent la conscience au sens des actes quotidiens en leur donnant une nouvelle signification, en les revalorisant. La relaxation n'est alors que le préalable à la découverte d'états de conscience plus qualitatifs que ceux du quotidien, une invitation aux sérénités et aux sublimités de la *méditation.* Telles sont les pratiques reliées au zen, au yoga et à différentes méthodes remises en honneur par certaines personnalités.

Il faut déjà être parvenu à un certain niveau de contrôle de soi et d'évolution pour être capable de s'asseoir seul dans une douce pénombre et un silence presque total pour une demi-heure de méditation. Le mot recouvre d'ailleurs des états bien différents. Une musique appropriée peut accompagner cette méditation, du moins dans un premier temps. Il n'est pas nécessaire d'adopter une position douloureuse ou inutilement compliquée. Si les postures jambes croisées du yoga et du zen, mises au point depuis des siècles, sont aptes à procurer de multiples bienfaits, l'essentiel reste de se trouver assis dans une position qui n'occasionnera pas trop de gêne. Simplement, le torse doit être aussi droit que possible, la tête aussi, les yeux baissés ou fermés, les mains décontractées. On se concentre alors sur la respiration qui change progressivement de rythme, devient de plus en plus lente, profonde. On prend ainsi conscience de la *respiration*, ce qui crée une détente et une certaine forme de méditation. Il est rare de trouver dès la première fois la position juste, la respiration ample qui vous emmène dans des zones d'intériorisation profonde... *qui élève et régénère.* Mais il faut s'entraîner, persévérer, et la récompense arrive. Les effets bénéfiques de ces moments de silence commencent à se faire sentir... *la vie devient meilleure.* Par la méditation, l'écartèlement entre passé et futur se solutionne dans un présent plein à lui-même. *La méditation reconduit au développement de la vie intérieure.* Elle donne accès à la seule source de toute liberté. Et par là, elle permet une adaptation au monde, bien au-delà d'un simple apprentissage de la maîtrise des contractions; elle unifie ce qui était dispersé, elle relativise l'importance des choses, elle fortifie durablement, elle redimensionne l'existence.

Nous avons là un exemple des chemins qui conduisent de la définition de certaines techniques toujours parcellaires à leur réinsertion dans un but plus global. Nul doute que toutes les techniques de décontraction aient leur rôle et leur utilité pour redonner au corps et à l'esprit une virginité de circulation. La relaxation crée un bien-être en soi. Mais à partir de là, beaucoup de choses sont possibles.

Vous avez peut-être entendu parler *de la projection astrale.* Platon mentionnait ce phénomène, on l'étudie en parapsychologie, et certains êtres familiers de voyages dans l'astral racontent d'étranges choses. Je ne veux pas dire qu'il faut que vous cherchiez à faire ce voyage. Les implications sont plus sérieuses qu'il n'y paraît. Simplement, il est bon que vous sachiez que certaines personnes – sans doute prédisposées par différents facteurs que nous n'étudierons pas ici – se sont trouvées projetées hors de leur corps à partir d'un exercice simple de relaxation. Elles flottaient au plafond de leur chambre et pouvaient observer leur corps allongé sur le lit. Une sorte de corde d'argent reliait ces deux corps. Au bout d'un temps plus ou moins long selon son désir, on peut réintégrer ce corps resté immobile pendant que l'autre se déplace. On se trouve alors dans un univers de réalité peu courant, l'astral inférieur ou supérieur, on peut faire des rencontres, etc. D'autres encore effectuent des déplacements en différents lieux de la planète. Il semble que le désir personnel dirige les itinéraires.

Si vous voulez en savoir plus, lisez, par exemple, *Récits d'un voyageur de l'astral,* par Anne et Daniel Meurois-Givaudan. Quelles que soient vos opinions au sujet de ce que vous lirez, sachez que les auteurs disent qu'ils commencent leurs nombreux « voyages » par une relaxation et une visualisation. Technique, donc, mais non plus seulement technique de relaxation, mais technique de sortie du corps.

Mais revenons à la méditation : elle aussi comporte plusieurs « voyages », plusieurs stades visant à la réalisation de la parfaite sérénité de l'extase selon la tradition du bouddhisme tibétain.

1. Le méditant se détache des objets des sens, entre dans la première méditation née du détachement, contacte une joie, un ravissement dont il imprègne, pénètre et remplit chaque atome de son corps.
2. Le méditant, arrivé à la tranquillité intérieure et à l'harmonie de la seconde méditation, libre de toute pensée, imprègne tout son corps de joie et de ravissement.
3. Le méditant entre dans l'équanimité, attentif et conscient, après la disparition du ravissement. Il imprègne et remplit tout son corps de ce bonheur libre de tout ravissement.
4. Avec l'abandon de tout plaisir et de toute souffrance, de toute joie et de toute affliction, il entre alors dans la quatrième méditation, au-delà du plaisir et de la souffrance, de la joie et de l'affliction, qui est parfaitement pure, parfaitement lucide et parfaitement sereine. Alors, en tout son corps, il éprouve la parfaite félicité.

Chez celui qui pratique les quatre méditations, le détachement sera parfait, son esprit s'affermira, sera calme, heureux, harmonieux, concentré.

C'est le bonheur que je vous souhaite.

Et si le terminus nécessite un long voyage, il est probable que ce soit là que se trouve la bonne direction.

Question de progression, d'évolution!

9

Ces plantes qui vous aiment

Nature, naturel, mots magiques du citadin assoiffé d'espace et de verdure, de calme et d'air pur. Par un instinct d'équilibre, le développement du synthétique et du chimique éveille un retour aux produits simples et naturels. Peu de gens sauraient aujourd'hui reconnaître au cours d'une promenade les plantes qu'ils foulent sous leurs pieds. Les simples sont pourtant remises à la mode. L'intérêt ainsi soulevé ne va pas forcément très loin. On achète quelques sachets insipides, ou quelques boîtes en pharmacie qui resteront intactes plusieurs mois dans le placard. Acheter ne veut pas dire utiliser. Car c'est tout un art que de découvrir les plantes, de les aimer et de se faire aimer d'elles. Elles peuvent être de merveilleuses amies, délicates, odorantes, gustatives et efficaces. Elles sont susceptibles d'entretenir quotidiennement par leur apport d'énergie un meilleur équilibre de toutes les grandes fonctions du corps humain. Elles agissent à un niveau préventif, elles agissent également à un niveau thérapeutique. On donne trop souvent au mot « tisane » une inflexion de voix péjorative, tant et si bien d'ailleurs que certains mélanges sont vendus sous le terme de « thé de santé ». Astuce habile de publicité pour détourner des plantes ce relent poussiéreux et ce rite associé au foie gonflé ou au rhume aigu. Les plantes, il faut les connaître avec sa joie de vivre, sa sensualité, et les intégrer avec grand plaisir dans son quotidien. Je me propose de vous aider à en faire des alliées précieuses de votre vie par un petit répertoire des vertus des principales plantes usuelles, et des indications sur tout ce qu'il faut faire et ne pas faire pour se les procurer, les conserver et les utiliser à bon escient.

L'herboristerie maison

Ayez une délicieuse petite armoire de bois ou une étagère sur laquelle s'alignent différents pots hermétiques avec leurs étiquettes. Une herboristerie de maison qui se respecte se doit de comporter du thym, de la lavande, du romarin, de la sauge, de la menthe, du tilleul, de la verveine, de la rose qui sont de grands classiques. Mais on se trouvera bien d'ajouter la bourdaine, le cumin, le fenugrec, le millepertuis, la saponaire, l'anis, la camomille, le genévrier...

La liste n'est pas limitative mais avec cet échantillonnage vous entrez déjà dans la catégorie de l'amateur sérieux. Vous êtes en mesure de jouer avec les goûts, les couleurs et surtout bien sûr les vertus. Vous êtes en mesure de soigner différents petits troubles digestifs, respiratoires ou circulatoires. Vous pouvez surtout par usage quotidien prévenir les problèmes et renforcer vos points faibles. C'est une question d'habitude. Tout comme vous avez pris goût à l'usage du thé ou du café, vous deviendrez les fervents d'une bonne tasse de thym ou de lavande. Avec un peu d'attention, vous deviendrez sensible aux bienfaits quasi immédiats qu'ils procurent sur l'organisme. Vous aurez conscience que cette boisson vous fait du bien et vous en serez content. Vous aurez vite fait d'assimiler certaines connaissances élémentaires et vous acquerrez des automatismes. Vous penserez verveine après un repas un peu lourd, tilleul-oranger pour une bonne nuit, etc. Si vous vous savez fragile du foie, vous songerez à le stimuler par un romarin. Il vous viendra des préférences de goûts, car ces « thés de santé » sont fort odorants et souvent ces inclinations correspondront à vos besoins. Notons tout de suite que certaines plantes sont particulièrement polyvalentes ainsi le thym, la sauge, la menthe, la lavande et le romarin.

Quelques petits conseils pour la conservation : veillez à maintenir vos plantes séchées à l'abri de l'humidité. Les bocaux en verre ou les boîtes métalliques sont très indiqués. N'hésitez pas à respirer les plus odorantes, leurs essences agissent aussi au niveau olfactif. Pour préparer un bon thé de santé, on fait généralement une infusion, c'est-à-dire qu'on verse de l'eau bouillante sur la plante et qu'on laisse en contact pendant un quart d'heure. L'*infusion* est couramment employée quand il s'agit de *fleurs.* Pour la plante entière on donne un *bouillon,* on porte à ébullition pendant quelques secondes, on retire du feu et on laisse infuser. Les racines, tiges et écorces demandent cinq à dix minutes d'ébullition, c'est une *décoction.*

Comment acheter vos plantes

Peut-être y a-t-il dans votre quartier, dans votre ville, une herboristerie qui vous fournira des produits de première qualité. Mais vous savez sans doute que les herboristeries sont en voie de disparition, que le métier d'herboriste n'existe plus. Une loi votée en 1941 autorise l'exercice des herboristes en fonction mais on ne forme plus de remplaçants. Diverses protestations et pétitions n'ont pas encore modifié cet état de fait. Le pharmacien est chargé de remplacer cette fonction disparue et jugée surannée. Le renouveau des médecines douces et l'intérêt actuel porté aux simples amènera peut-être une modification. Dans les magasins d'alimentation, cinq plantes sont en vente libre : tilleul, camomille, verveine, oranger et thym. Dans la mesure du possible, évitez d'acheter des infusettes qui contiennent des poussières de feuilles, tiges, fleurs, incontrôlables à cause de leur petitesse. Lorsque vous le pouvez, récoltez vous-même des plantes mais informez-vous précisément au préalable. Chacune demande d'être récoltée à son point maximal en principes actifs; il faut donc tenir compte du lieu géographique, des conditions de climat, d'ensoleillement, etc.

La récolte s'effectue un jour de beau temps vers dix heures, après résorption de la rosée. Le soleil facilite le séchage qui doit se faire entre 40 et 60 degrés. On utilise aussi le séchoir et le four. Ce sont les bonnes conditions de récolte et de séchage qui conditionnent la qualité de la plante. Les fleurs doivent être protégées de la lumière, de la chaleur, et de l'humidité. Les plantes sont suspendues ou étalées sur des claies.

On vend dans le commerce des mélanges tout préparés de plantes, ils sont parfois utiles pour soigner un problème spécifique. Mais en général, je vous conseille de vous procurer des plantes et de faire vos mélanges vous-même selon l'inspiration du moment, selon l'effet que vous désirez obtenir. Pour cela, il vous faut un minimum de connaissances.

LES VERTUS DES PRINCIPALES PLANTES

Anis vert : Il est très indiqué en cas de migraine digestive et de flatulence. Il stimule la respiration et active la circulation. 5 grammes dans une tasse d'eau bouillante, une tasse avant chaque repas.

Boldo : On utilise ses feuilles en infusion, à raison de deux cuillerées à soupe par litre d'eau. Deux tasses par jour avant les repas en cas de foie gonflé. La boldo est diurétique, et stimule le système nerveux.

Camomille allemande : Elle agit contre la fièvre, elle est antiseptique, anti-inflammatoire, vermifuge, on l'utilise en cas de bronchite, de colite, de névralgie. 15 grammes par tasse d'eau bouillante, laisser infuser un quart d'heure, et boire en dehors des repas.
La camomille allemande s'emploie aussi pour éclaircir les cheveux. En décoction, elle désinfecte les plaies.

Camomille romaine : Fébrifuge et vermifuge, elle intervient également dans le traitement des plaies et de la conjonctivite; en infusion, elle stimule l'appétit : cinq à dix fleurs par tasse d'eau bouillante à prendre avant les repas. En décoction, comme vermifuge : 15 grammes dans une tasse d'eau.

Cerise : Les queues de cerise sont diurétiques, laxatives et rafraîchissantes. On les utilise en cas d'insuffisance des reins, de cystite notamment. Une poignée de queues de cerise pour un litre d'eau. Porter à ébullition pendant dix minutes.

Cumin : En infusion, avec une cuillerée à café pour une tasse d'eau.

On fait bouillir et infuser dix minutes. Après les repas, il aide la digestion, empêche les ballonnements, les gaz, lutte contre les parasites intestinaux.

Fenugrec : Cette plante méditerranéenne est un remarquable tonique qui favorise la prise de poids. En cas de maigreur, faire une décoction avec une cuillerée à soupe pour deux tasses d'eau, faire bouillir jusqu'à réduire de moitié. Cette tisane est à prendre le matin à jeun, une semaine sur deux.

Genévrier : Précieux et trop méconnu dans notre civilisation d'abondance, car il favorise l'élimination de l'acide urique et des toxines. Utile en cas d'affection de la peau, il est aussi un antiseptique pulmonaire, digestif, urinaire et sanguin. En infusion de baies : une à deux cuillerées à soupe dans un litre d'eau bouillante. Infuser un quart d'heure.

Lavande : Tonicardiaque, stimulant de la circulation, elle apaise les nerfs du cœur. Elle est aussi antiseptique pulmonaire, urinaire, génitale, digestive.
L'infusion de fleurs se fait avec 10 grammes par tasse pendant un quart d'heure. Trois tasses par jour entre les repas.

Menthe poivrée : Stimulant du système nerveux, elle est recommandée en cas d'indigestion; dépurative, elle évite la formation de toxines. 10 grammes de feuilles dans une tasse d'eau bouillante en inhalation en cas de bronchite.

Mélisse : Elle pousse un peu partout, elle est efficace pour le mal de tête et les règles douloureuses. En infusion à raison d'une cuillerée à dessert dans une tasse d'eau bouillante.

Millepertuis : Cette plante des champs s'utilise en cas de bronchite : 20 grammes par litre d'eau en infusion.

Oranger : Pour les insomnies, les spasmes cardiaques, en association avec le tilleul. Une infusion de fleurs d'oranger dans un biberon est un bon calmant pour un bébé nerveux.

Psyllium : Laxatif par excellence : on laisse macérer 15 grammes dans 25 grammes d'eau pendant une demi-heure. On boit une tasse avant de se coucher.

Réglisse : C'est un baume pour l'estomac et une aide dans la digestion. Il s'emploie en macération.

Reine-des-prés : Quelques feuilles dans une tasse d'eau infusées pendant un quart d'heure : c'est l'amie des rhumatisants.

Tilleul : Connu pour aider le sommeil. Une poignée de fleurs dans un litre d'eau.

Thym : Stimulant général, antiseptique, il intervient dans les affections respiratoires; il est aussi antirhumatismal et vermifuge.
En infusion pendant un quart d'heure.
En cas de grippe et de bronchite, faire des inhalations.

Romarin : Stimulant général, antiseptique pulmonaire, antidiarrhée, il agit sur le foie.
Une cuillerée à café par tasse d'eau bouillante, infusion pendant dix minutes. Une tasse avant ou après les repas.

Sauge : Antiseptique, stimulant général, diurétique, emménagogue, la sauge intervient dans toutes sortes d'affections. En infusion, 20 grammes par litre d'eau. Dix minutes d'infusion et trois tasses par jour.

Verveine : En cas de digestion difficile, quelques feuilles dans une tasse d'eau bouillante. Boire après les repas.

Pour résumer, je vous propose un petit tableau récapitulatif :

Des calmants	→	tilleul – oranger – mélisse *(sommeil)*
	→	reine-des-prés *(douleur)*
	→	réglisse *(toux)*
Des stimulants	→	verveine, thym, sauge, menthe
Des diurétiques	→	cerise, genévrier
Des purgatifs	→	psyllium
Pour le foie	→	boldo, menthe, romarin

Qu'est-ce que la phytothérapie?

Les principes actifs des plantes entrent dans la composition des médicaments pharmaceutiques. Mais on devient de plus en plus sensible aux inconvénients d'un recours trop fréquent aux médicaments. Aujourd'hui, parallèlement à la médecine classique, les médecines douces connaissent un certain développement. La phytothérapie qui est l'art de soigner directement par les plantes en fait partie. On commence à rencontrer certains médecins qui s'intitulent phytothérapeutes, et qui peuvent soulager un certain nombre de troubles par des prescriptions précises de plantes.

On peut utiliser les plantes en amateur tant qu'il s'agit de prévention ou de malaises bénins mais il faut évidemment envisager l'aide d'un spécialiste pour se soigner plus efficacement.

Qu'est-ce que l'aromathérapie?

Il y a les plantes et il y a les essences de plante qu'on trouve dans les pharmacies et dans les magasins diététiques. Très concentrées en principes actifs, elles ont un pouvoir multiplié. Science très ancienne comme la phytothérapie, l'aromathérapie est l'art de soigner les maladies par les essences de plante. On doit beaucoup en France sur ce sujet aux travaux du docteur Valnet qui a fait un pont entre l'ancien et le moderne. De nombreuses études et témoignages ont été publiés ces dernières années et l'aromathérapie se popularise.

Les essences de plante sont obtenues par distillation et prescrites sous forme de gouttes. Il faut 100 kilos de plantes pour obtenir 2,9 kilos de lavande, 1 kilo de sauge, 200 grammes de thym, et 3 kilos d'eucalyptus. Les essences de plante sont très efficaces parce que très concentrées. Elles se prennent par voie buccale à raison de quelques gouttes dans une cuillerée de miel, deux à trois fois par jour. Pour soigner un trouble sérieux, il faut consulter un aromathérapeute. Mais on prendra sans danger de l'huile essentielle de thym pour guérir un rhume, ou de l'huile essentielle de lavande pour soulager une indigestion.

Il est très conseillé également de se frotter quotidiennement le corps avec quelques gouttes d'huile essentielle odorante (orange, mandarine, verveine, pin, rose, etc.). Les pores de la peau, d'autant plus ouverts si vous venez de prendre un bain, absorbent largement les essences et les répartissent dans tout le corps par voie sanguine.

Tout se passe comme si les cellules de l'organisme se trouvaient stimulées dans leur fonctionnement par le pouvoir vibratoire des essences. En tout cas cette pratique a fait ses preuves quant à son pouvoir tonifiant sur l'organisme.

Nos amies les plantes

Il semble que dans l'équilibre de l'univers les plantes aient été conçues pour nous aider à rétablir l'harmonie dans notre corps. Il serait dommage de les ignorer, de les méconnaître, alors qu'elles sont là toutes proches, ne demandant même pas de soins particuliers pour pousser. Elles emmagasinent une très grande énergie qu'elles sont prêtes à redistribuer dans nos cellules.

De récentes expériences de laboratoire ont montré que les plantes étaient très sensibles à la présence humaine, qu'elles étaient susceptibles de souffrir, ou au contraire de s'épanouir dans un climat aimant. Il nous appartient d'être conscients de ce fil qui nous unit à toutes les formes vivantes.

LES VERTUS DE QUELQUES HUILES ESSENTIELLES

Ail : Antiseptique, antitoxique, diurétique, bactériologique, hypotenseur, tonique, fluidifiant du sang, dissolvant de l'acide urique, carminatif, antispasmodique, antivenimeux, antiputride, apéritif, fébrifuge, vermifuge, détersif, vasodilatateur, équilibrant du système glandulaire.
Contre l'asthme, la grippe, la diphtérie, la typhoïde, la bronchite, la tuberculose, le coryza, les parasites intestinaux, la blennoragie, les varices, la dysenterie, l'arthrite, les rhumatismes, l'hypertension, la sénescence, les piqûres de moustiques, les kystes, les verrues.

Basilic : Tonique nerveux, stomachique, antiseptique intestinal, antispasmodique, emménagogue, tonique cortico-surrénal, maux de tête, reins, vessie, asthénie nerveuse, aphtes, insomnie, cystite, arthritisme, coryza, surmenage intellectuel.

Cajeput : Antiseptique pulmonaire, intestinal et urinaire, antispasmodique, antinévralgique, antirhumatismal, stomachique, hypertension, troubles vasculaires, asthme, hémorroïdes, hémoptysie, emphysème, bronchite, rhumatisme, arthritisme, ménopause.
3 à 4 gouttes, 3 à 4 fois par jour dans du miel.

Carotte : Stomachique, antidiarrhéique, carminatif, fluidifiant sanguin.
12 à 18 gouttes par jour.

Camomille : Tonique, antispasmodique, antalgique, apéritif, stimulant sanguin, antianémique, vermifuge, emménagogue, vulnéraire, bactéricide, fébrifuge, sudorifique, cholagogue, stomachique.
En usage externe : Antinévralgique, antiophtalmique, antiphlagistique, cicatrisant.
Bains d'yeux, migraines, névralgies, insomnie, digestion difficile, dépression nerveuse, conjonctivite, dermatoses inflammatoires, eczéma, maux de dents.
2 à 5 gouttes, 3 à 5 fois par jour dans du miel.

Cannelle : Antispasmodique, antialgique, apéritif, stimulant sanguin, antianémique, vermifuge, emménagogue, vulnéraire, bactéricide, fébrifuge, sudorifique, cholagogue, stomachique.
En usage externe : Antinévralgique, antiphlagistique, cicatrisant.
Indications : bains d'yeux, migraines, névralgies, insomnie, digestion difficile, dépression nerveuse, conjonctivite, dermatose inflammatoire, eczéma, maux de dents.
3 à 5 gouttes, 3 à 5 fois par jour dans du miel.

Citron : Microbicite (méningocoque, bacille d'Eberth, staphylocoque doré), fébrifuge, antidiphtérique, antiprurigineux, ménostatique, antiarthritique, antirhumatismal, tonique nerveux, antiscorbutique, antihémorragique, diurétique, stimulant gastrique, tonique cardiaque.
Maladies infectieuses, prévention des épidémies, asthénie stomachique, scorbut, goutte, arthrite, rhumatismes, viscosité sanguine, tension artérielle, tonification veineuse, aphtes, tonique du foie.
En bain de bouche, en bain, en compresses contre les maux de tête, en crème de soin pour la beauté du visage et du corps.

Eucalyptus : Antiseptique des voies respiratoires et des voies urinaires, balsamique, hypoglycémiant, antirhumatismal, fébrifuge, stimulant.
Brûlures, piqûres d'insectes, cicatrices, asepsies des voies respiratoires et urinaires, diabète.

Genièvre : Tonique nerveux et digestif, excitant des sécrétions, antiseptique pulmonaire, digestif, urinaire et sanguin, stomachique, dépuratif, diurétique, antirhumatismal, excrétion de l'acide urique, antidiabétique, emménagogue, soporifique.
Contre le diabète, les rhumatismes, l'arthritisme, antiseptique général, arthrose, hydropisie, affections blennoragiques, albuminie, paralysie, sciatique, névrite.

2 à 3 gouttes, 3 à 4 fois par jour dans du miel. En usage externe dans les cas d'eczéma et d'acné.

Girofle : Excitant, tonique utérin, antiseptique, stomachique, carminatif, antinévralgique, antispasmodique, aphrodisiaque. Impuissance, déficience de mémoire, maladies infectieuses, névralgies dentaires, parasites intestinaux, fermentation gastrique, dyspepsie, diarrhée, névralgies.

2 à 4 gouttes, 3 à 4 fois par jour avec un peu de miel.

Lavande : Antispasmodique, antiseptique, analgésique, bactéricide, antiseptique pulmonaire, cholagogue, choléritique, diurétique, sudorifique, tonicardiaque, sécrétions gastriques, antimigraineux, vermifuge, hypotenseur.

Spasmes, asthme, affections des voies respiratoires, toux, coqueluche, bronchite, grippe, tuberculose, maladies infectieuses, neurasthénie, migraines, vertiges, blennoragie.

2 à 4 gouttes, 4 à 5 fois par jour dans un peu de miel.

Menthe : Stimulant du système nerveux, stomachique, antispasmodique, atonie digestive, indigestion, gastralgie, affections hépatiques, choléritique, carminatif.

Palpitations, vertiges, asthme, bronchite, parasites intestinaux, migraines, névralgies.

2 à 3 gouttes, 5 à 6 fois par jour avec du miel et toutes les 5 minutes en cas de spasmes.

Niaouli : Antiseptique, balsamique, antirhumatismal, vermifuge, entérites, infections puerpérales, bronchite chronique, tuberculose, coqueluche, rhinite, sinusite, otite, entérite, dysenterie, infections urinaires, cystite, infections intestinales.

3 à 4 gouttes, 2 à 3 fois par jour sur du miel.

Persil : Cholagogue, emménagogue, diurétique, carminatif, antiseptique, dissolvant des calculs rénaux, artériosclérose, jaunisse, lithiase urinaire, biliaire.

2 à 3 gouttes, 3 fois par jour avec du miel.

En usage externe : sur contusions, coupures, piqûres d'insectes.

Pin : Dynamisant, rubéfiant, antiseptique des voies respiratoires, urinaires et hépatiques.

Cystite, tuberculose, gangrène, asthme, infections génitales, douleurs stomacales, lithiase biliaire, retard de croissance et ramollissement osseux, rhumatisme, goutte, arthrite.

En usage externe, en inhalations, onctions, bains.

Romarin : Sudorifique, diurétique, stimulant général, cardiotonique, hypertension, stomachique, antiseptique pulmonaire, antidiarrhéique, carminatif, antirhumatismal, antinévralgique, antigoutteux, cholagogue, emménagogue, céphalique.

3 à 4 gouttes, 4 à 5 fois par jour sur du miel.

Rose : Antituberculeux, bactéricide, euphorisant, aphrodisiaque, apéritif, cœur, yeux, maux de tête, circulation sanguine.
2 à 3 gouttes, 4 à 5 fois par jour sur du miel.
En usage externe : massages.

Santal : Antiseptique urinaire, pulmonaire, aphrodisiaque, blennoragie, cystite, colibacillose, impuissance, bronchite, diarrhée.
2 à 4 gouttes, 4 à 5 fois par jour sur du miel.

Sassafras : Stimulant, diurétique, sudorifique, carminatif, antiseptique urinaire, antitabac.
Asthénie physique et intellectuelle, affections de la peau, rhumatisme, affections génito-urinaires.
2 à 4 gouttes, 4 à 5 fois par jour dans du miel.

Sauge : Tonique nerveux, cortico-surrénal, antispasmodique, apéritif, stomachique, antiseptique, antisuforal, dépuratif, hypertenseur, emménagogue, asthénie, neurasthénie, hépatisme, bronchite, asthme.
2 à 4 gouttes, 3 à 4 fois par jour sur du miel.
En usage externe : leucorrhée, aphte, angine, névralgie dentaire.

Thym : Stimulant général, circulation capillaire, tonique nerveux, apéritif, hypertenseur, antispasmodique, stomachique, balsamique, antiseptique intestinal et pulmonaire, hypnotique.
1 à 3 gouttes, 4 fois par jour dans du miel.
En usage externe : pour la circulation sanguine et la chute des cheveux.

Verveine : Astringente, céphalique, purifiante, dépurative, digestive.
Améliore la vue, tuberculose, anémie, calculs, circulation, ménopause, dysenterie, dartres.

LA MODE DU NATUREL

Vous vous posez peut-être la même question que moi : qu'y a-t-il derrière cet emploi généralisé du mot « naturel »? La publicité use et abuse du prestige actuel du naturel. Incontestablement, il y a un vent qui court en ce sens dans le grand public, on se détourne de ce qui serait trop chimique, trop artificiel, au profit de produits dits « nature ». Mais n'y a-t-il pas mode et exploitation d'une mode plutôt qu'un effort sincère de qualité retrouvée? La question se pose du côté du consommateur comme du côté du fabricant.

Pour les produits de beauté, l'ambiguïté est particulièrement développée. Nous sommes dans le domaine du paraître, du superflu, du raffinement et rarement sur le terrain de l'hygiène de la peau. Le produit de beauté semble souvent avoir autant une action psychologique qu'une action physiologique : il rassure, il fait plaisir, il introduit une note de luxe. L'industrie du cosmétique est particulièrement florissante, les crèmes, les huiles, les masques, les laits, les toniques prolifèrent dans chaque marque, se renouvellent à chaque saison avec des noms fleuris et des compositions mystérieuses. Les prix varient souvent, davantage en fonction du prestige des marques et de la beauté du conditionnement qu'en fonction d'une qualité réelle. Mais à la limite une crème se révélera d'autant plus efficace qu'elle a coûté cher : c'est l'effet placebo bien connu.

Depuis quelque temps on voit apparaître une recrudescence de crèmes à la camomille, au concombre, etc. Les noms de plantes, de fleurs ou de légumes ont-ils un effet magique sur les acheteuses? Ont-elles justement l'impression qu'on leur propose du naturel? Il y a là toute une mystification. Lorsque les grandes marques introduisent dans leur gamme de produits une note plus végétale, rien n'est changé. Il s'agit toujours de crèmes utilisant des agents de synthèse, notamment de fortes doses de conservateurs pour stabiliser les extraits de plantes.

Un cran plus haut en pharmacie, on accède à des produits garantis comme n'étant pas allergiques : n'en déduisez pas qu'ils ne contiennent pas de produits chimiques, ils en contiennent seulement un peu moins, et les tests semblent avoir prouvé leur inocuité.

Enfin on aborde le domaine des magasins diététiques ou de régime qui, eux, proposent, plus explicitement encore, des produits garantis naturels.

Littéralement, cela voudrait dire qu'ils ne sont composés que de matières premières existant dans la nature, et qu'ils n'utilisent aucun produit de synthèse. Est-ce le cas ou là encore y a-t-il abus dans les termes? J'ai interrogé divers fabricants et la plupart m'ont répondu avec beaucoup de sincérité. Je vous fais part de mes découvertes.

Où est le synthétique?

Il y a une catégorie de produits qui ne pose pas trop de problèmes aux fabricants, partisans du naturel : ce sont les bains et les shampooings. Ils peuvent être garantis sans détergent chimique, sans colorant, sans conservateur, sans additif chimique. Ils sont fabriqués à partir des dérivés de l'huile de coprah, d'un corps gras hydratant, et de principes actifs naturels issus de plantes, de fleurs, d'argile. On vous propose ainsi des bains à la lavande, à la camomille, à la mélisse, au pin, à l'eucalyptus, au marron d'Inde, ayant des propriétés relaxantes, vitalisantes, circulatoires, etc. L'imagination aide au plaisir : les « argiles de Haute-Provence » suggèrent des bains d'Aphrodite, bains des Sultanes, bains des Geishas, bain Royal, et aussi un shampooing naturel au bois de panama fabriqué avec un moussant végétal, sans colorant et parfumé à l'essence de lavande.

Spécialisée dans les soins du cheveu, l'herboristerie « Le Palais-Royal » offre une gamme de shampooings aux plantes et à l'huile de germe de blé.

Quand on aborde la question des laits et des crèmes, on s'aperçoit vite qu'on touche à une question sensible. La plupart des marques avouent : nous utilisons un minimum de conservateurs autorisés mais nous ne pouvons pas nous en passer totalement. Ainsi la marque Biokosma s'intitule « Beauté naturelle », sans huiles minérales, sans graisses animales, sans agent actif de synthèse. Elle donne dans ses dépliants publicitaires des éléments de la composition de ses lignes de soins : extraits de rose fraîche, hamamelis, huile de germe. Il ne manque qu'une chose, la trace du conservateur.

Surtout et avant tout ne pas nuire

C'est la formule favorite de Mme Fast, ancienne chimiste qui s'est installée en artisan dans les Cévennes. Elle invente et fabrique elle-même des produits qu'elle veut sains et frais. Elle indique toujours sur ses flacons la date de fabrication. Pour elle, les produits dits hypo-allergiques, ou anti, ne veulent rien dire. Elle fabrique des produits avec des bases naturelles en excluant au maximum les produits de synthèse. La fraîcheur est la condition d'une efficacité car les matières premières naturelles sont toujours fragiles et n'agissent que sur de courts délais. Dans la composition de son démaquillant, il entre de l'eau de pluie, de la cire d'abeille, de la lanoline, de l'huile d'amande douce. Son tonique est aussi à base d'eau de pluie, avec de l'eau de fleur d'oranger, des acides aminés et des vitamines B. La crème de jour se compose d'eau de pluie, d'huile d'amande douce, d'huile de vison pure, de sauge, de camomille, de calendula et d'un émulsifiant. Elle l'avoue avec force : « J'utilise des conservateurs mais au minimum, et des émulsifiants. Pour les crèmes c'est une obligation, ceux qui vous disent le contraire sont des menteurs. »

De la part d'une ancienne chimiste, convertie à la vie écologique, et faisant un travail soigné d'artisanat, l'affirmation a du poids. J'en serais restée là s'il n'y avait eu le cas Veleda.

Le cas Veleda

Cette marque européenne de produits de beauté et de produits alimentaires est reliée à une conception spirituelle : celle de Rudolf Steiner. Là, on affirme catégoriquement n'employer aucun produit chimique, aucun conservateur, aucun colorant ou parfum non naturel. Les plantes qui entrent dans la composition des produits sont cultivées sans engrais chimiques, sans insecticides. La garantie est contrôlée d'un bout à l'autre de la chaîne. Le moment de la récolte, la manière dont elle est faite importent aussi. Ces facteurs, précieux pour une qualité de production réelle, échappent aux conditions habituelles du commerce.

Les substances employées sont des baies fraîches de dernière saison, du miel, des huiles essentielles et des huiles végétales. Veleda est placé sous le signe de l'iris qui est l'un des composants principaux des produits cosmétiques. L'iris posséderait une action équilibrante sur l'état d'hydratation de la peau. C'est par tout un ensemble de connaissances approfondies sur les plantes que les produits Veleda parviendraient à ce degré de pureté. En particulier pour l'émulsion de l'huile dans l'eau, ils parviennent à se passer d'émulsifiants synthétiques, grâce à un émulsifiant naturel. Pas de conservateur non plus. Les huiles essentielles qui entrent dans les compositions possèdent un pouvoir stabilisateur et antibactérien. La durée de conservation pourtant n'est pas illimitée, quelques mois quand le produit est entamé, plusieurs années tant qu'ils n'est pas débouché.

Pour Veleda les cosmétiques sont d'abord des produits d'hygiène qui ont un effet stimulant et assainissant sur l'organisme. Notons que les conditionnements sont exclusivement en verre et en métal. Quant aux prix, ils sont particulièrement avantageux. Pour le lait d'iris (200 ml) : 16,65 francs.

Un centre de soins « naturels »

Je suis allée au 15 de la rue de Bourgogne, dans un institut nouveau style, qui existe maintenant depuis cinq ans. « Nouveau style », parce qu'il sort de la formule institut de beauté pour belles oisives. Tout d'abord on y soigne le corps aussi bien que le visage et les hommes y sont accueillis au même titre que les femmes. D'autre part il s'agit aussi bien d'hygiène que de beauté.

L'ensemble a été conçu par le docteur Emerit qui fait des recherches sur les bienfaits des produits marins. L'institut est conçu comme un lieu de détente et de régénération. De grandes baies vitrées ouvertes sur l'extérieur témoignent que la formule institut quitte une semi-clandestinité, et entre dans les mœurs. A l'intérieur, on a voulu reconstituer l'aspect d'un bateau. La clientèle est essentiellement composée de gens qui travaillent, des femmes mais aussi 20 % d'hommes.

Les soins proposés sont « naturels » en ce sens qu'ils font appel aux propriétés des algues, de l'argile et de l'eau. Les installations très perfectionnées permettent de prendre de grands bains d'algues. Un système de bouillonnement de l'eau active les effets des algues. On sait que les algues sont très riches en sels minéraux, oligo-éléments, on les appelle des « concentrés d'eau de mer ». Les bains d'algues rechargeraient l'organisme en sels minéraux, et libéreraient les toxines qui l'encombrent. Une cure de dix bains serait susceptible de faire maigrir de quatre à cinq kilos une personne qui en aurait besoin. Associés à des massages, ces bains sont également susceptibles de faire « fondre » une cellulite. Le bain d'algue proprement dit se prend dans une atmosphère de détente et de demi-obscurité. Puis des systèmes de jets d'eau à forte pression permettent des massages en différents points du corps, notamment sur le haut des cuisses souvent affligé de la fameuse « culotte de cheval ».

Un repos d'environ un quart d'heure complète les effets du bain. Si on désire retrouver une peau particulièrement nette et douce, on peut se faire faire un traitement sur tout le corps. On vous enduit d'une couche d'argile brune, puis on vous frotte avec de fines tranches de citron. Le tout se termine par une douche au jet à forte pression qui constitue en elle-même un bon massage.

Pour compléter le tout, vous passez aux soins du visage. Les produits de beauté employés sont ceux que le docteur Emerit a fait fabriquer selon ses formules, c'est-à-dire qu'ils sont à base de produits marins, eau de mer, plancton végétal et plancton animal. Le plancton végétal a essentiellement un pouvoir assainissant, tandis que le second interviendrait dans le renouvellement des cellules.

Apparemment, tous les produits Aegina seraient des produits naturels, mais pour les crèmes et les laits, on se sert d'émulsifiants et de conservateurs.

Seuls trois produits méritent vraiment l'appellation « produits naturels » : ce sont les ampoules de plancton utilisées contre l'acné, le tonique à l'hamamélis et l'eau de mer dialysée. Notons également un produit qui n'est utilisé qu'en cabine, et conservé au réfrigérateur, un extrait de plantes fraîches [1]. Il y a un réel effort au niveau de cet institut pour utiliser des matières premières de qualité. Les prix sont moyens tant des soins que des produits (100 francs environ pour une séance), 30 francs pour un flacon de lait de 250 ml. Il est pourtant évident que ce centre de soins est un lieu privilégié pour privilégiés. Et j'ai rêvé du jour où, dans chaque quartier, un établissement de cette qualité pourrait délasser et régénérer les corps pour une somme adaptée à toutes les bourses. Voilà qui ferait utilement partie d'une hygiène préventive et d'une joie à vivre en se sentant bien dans sa peau.

Chez soi

Les Laboratoires Marins ont mis au point les bains d'algues « Sargasses » présentés en petits sachets de toile permettant le massage des membres et de la nuque pendant le bain. Ces algues sont garanties naturelles et sélectionnées à Brest. La cure conseillée est de 12 à 24 bains à raison de 2 ou 3 bains par semaine pendant 15 à 20 minutes.

La peau joue le rôle d'enveloppe et de transmetteur pour les organes intérieurs. Soigner sa peau c'est faire un acte d'hygiène et d'esthétique tout à la fois. Un peu plus d'informations permettent de choisir en connaissance de cause les produits qui correspondent à une exigence.

Beauté et santé, un bon programme dans une recherche de vérité.

QUELQUES ADRESSES UTILES

Juvéa : 7, rue de Surène, 75008 Paris.
Biokosma : 2, rue des Lilas, 39000 Lons-le-Saulnier.
Phytal's : 42, rue Louis-Rouquier, 92300 Levallois.

1. Une solution apparaît, pour faire des produits sans utiliser des conservateurs : c'est la présentation en ampoules mais ce conditionnement est plus fragile, moins pratique et plus onéreux. Signalons pourtant la marque Phytal's : à titre indicatif, 30 ampoules de lait démaquillant coûtent 40 francs.

Lise d'Artois : 8, rue Brochart-de-Saron, 75009 Paris.
Condray : 46, rue de Prony, 92600 Asnières.
Herboristerie du Palais-Royal : 11, rue des Petits-Champs, 75001 Paris.
La Ferme Fleur Lab. Chaperon-Tamer : BP 186, 17104 Saintes.
L'Herbier de Provence : 13210 Saint-Rémy-de-Provence.
Les Argiles de Haute-Provence : BP 125 84400.
Thalgo : 4, rue Foderé 06300 Nice (Algues).
Laboratoires Marins, Violet et Cie : 45300 Pithiviers-en-Gâtinais.
Mme Fast : 63700 Montjotin.

10

Le corps d'amour

S'il vous est déjà arrivé de vous livrer à des mains douces et expertes, vous savez déjà quel incomparable bien-être peut procurer une séance de massage. Peut-être un jour arriverons-nous à un niveau de connaissance et de loisir, qui nous fera considérer une séance de massage comme aussi indispensable à notre hygiène quotidienne qu'un bon brossage des dents et des gencives. Mais nous n'en sommes pas là...

Le massage reste le privilège d'un petit nombre d'initiés, de privilégiés qui ont recours à des massages professionnels. D'autres encore ont acquis quelques éléments de connaissance au cours d'un stage, au contact d'un ami, d'un livre. Mais bien peu utilisent le massage avec plaisir et désarmement. Pourtant quel fantastique moyen d'échange, et en un certain sens, quel acte d'amour!

Amour de soi dans l'auto-massage, amour de l'autre dans le fait de donner une détente, un bien-être.

« DÉCOIFFEZ-VOUS »

Le massage est un acte *naturel,* pourtant nous l'avons perdu dans notre civilisation pressée et malade, comme nous avons perdu le contact amoureux et sensuel avec notre propre corps à chaque instant de vie.

Et, précisément dans une époque où chacun est plus ou moins hypertendu, anxieux, la redécouverte du massage pourrait aider à rétablir une bonne circulation d'**énergie.**

Cessez de croire que le *massage* est une affaire de spécialiste. Vous apprendrez très vite. Le massage est pour une part une affaire de technique, mais pour une autre part, il fait appel à une intuition qui ne vous fera pas défaut, pour peu que vous la sollicitiez.

Pour aborder le massage, il ne faut pas avoir peur de son corps, ni de celui des autres, ne pas avoir peur de regarder la nudité, de la toucher (ce qui suppose évidemment que certains blocages d'éducation puritaine soient levés). En quelques années, les progrès accomplis en ce domaine sont considérables. La nudité n'est plus synonyme de péché pour la majorité, le sein nu se popularise sur les plages et pour les nouvelles générations, le « naturel du corps » est un acquis.

Si quelques blocages subsistent, il faut procéder doucement, progressivement. On peut très bien concevoir un massage avec un T-shirt léger.

Quand on commence un massage sur soi ou sur les autres, on découvre les **tensions du corps** qui sont la conséquence de tensions psychologiques, mais aussi d'accumulations de toxines et de fatigue. Ces tensions se manifestent par des sortes de nœuds plus ou moins durs, sensibles sous les doigts et que le massage va défaire progressivement. On soulage ainsi *le corps autant que l'esprit.*

Le *massage* est moins *une thérapeutique* qu'une *hygiène préventive.* Il est destiné *à éliminer tension et fatigue, à stimuler les organes internes.* Il évite que s'installe, par accumulation, une situation plus pathologique. Le massage donne aussi des indications sur les points faibles, car, en principe, toute région douloureuse est le signe d'une *difficulté.*

Le massage se pratique souvent à deux, il implique toute une qualité de communication et de relation entre les êtres. Rapport de confiance, d'harmonie et de considération, connaissance de soi et de l'autre par le corps. Pour bien pratiquer un massage, il faut comprendre le principe de la *circulation de l'énergie.* Il relève d'une science *plus orientale qu'occidentale.* L'énergie parcourt notre corps suivant des lignes qu'on a nommées *les méridiens* et qui sont différentes des lignes de circulation sanguine ou nerveuse. Il y a *douze méridiens* principaux et *deux complémentaires* qui correspondent aux principaux organes. Sur chacun de ces méridiens, on trouve des points, au nombre de 354 ou plus, ayant chacun des fonctions précises. En stimulant l'un de ces points, on peut agir sur des fonctionnements, comme accélérer ou ralentir le rythme cardiaque. Lorsqu'un organe a une déficience, il se forme un nœud sur l'un ou plusieurs de ces points. En les stimulant, on apporte un soulagement.

Tel est le principe de base de tout bon massage. Il importera donc maintenant d'établir sur le corps humain une carte des principaux points sur lesquels vous pourrez exercer une action en connaissance de cause. En acupuncture, on utilise des aiguilles en métal sur ces points. Une autre méthode consiste à faire brûler de petits cônes d'armoise et à stimuler aussi par la chaleur : on les appelle des moxas.

L'art du massage sur les points des méridiens relève du **shiatsu** ou du **do-in.**

Le do-in est un *art de vivre.* Dans l'ancienne Chine, il était pratiqué dans le cadre de la vie familiale. Chaque jour à l'aube, tous réunis dans la pièce commune pratiquaient le do-in pour favoriser une bonne circulation des énergies avant les activités quotidiennes.

Ne jamais oublier qu'un corps **sain, sensible et calme** rend le mental *harmonieux, détendu, silencieux,* de façon à *libérer l'esprit.*

16

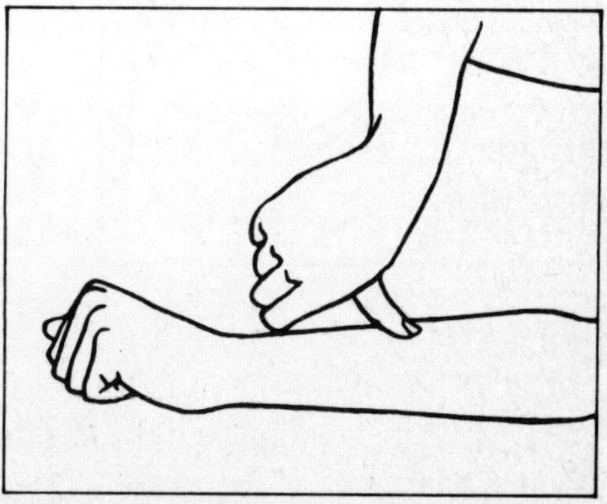

Dans la pratique du do-in, on se servira surtout du pouce, de sa partie *charnue* qui peut devenir *très sensible.* L'articulation du pouce ne doit pas être repliée, mais tendue (16). On appuie perpendiculairement, plus ou moins profond selon la région à traiter. On appuie sur les points pendant l'*expiration* par une pression progressive de cinq à sept secondes puis *on relâche vivement. Si un point est douloureux ou dur, on le masse plus longuement.*

On peut exercer alors une pression centrifuge pour disperser l'énergie.

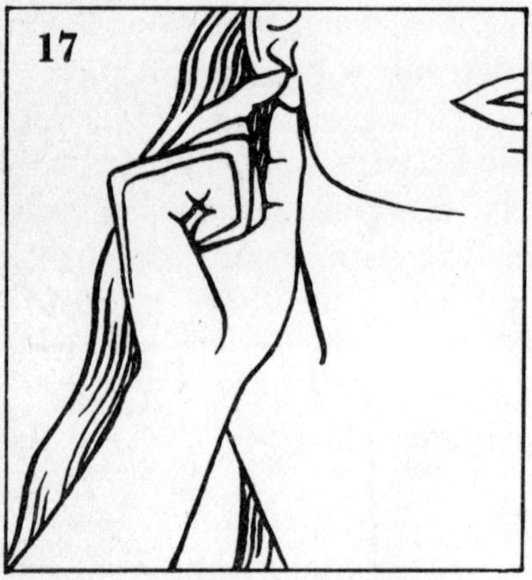

On utilise également : *l'index et le pouce,* par exemple pour le lobe de l'oreille (17); ou *trois doigts en pression* pour le massage du foie (18); ou *le poing levé* légèrement replié pour des percussions (19).

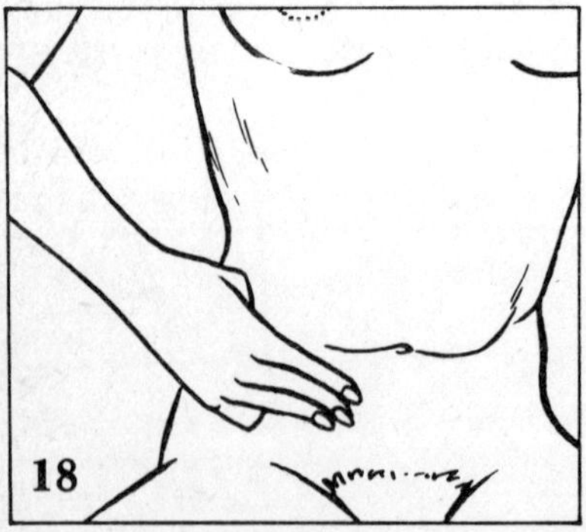

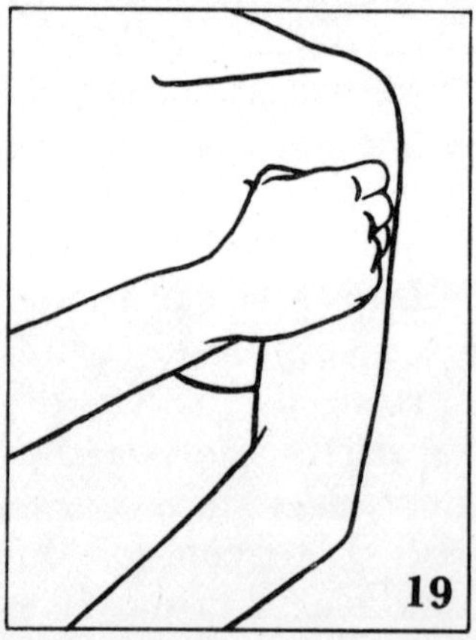

Quand on travaille plusieurs points dans une même région, du corps, on passe rapidement la main à plat sur cette région plusieurs fois.

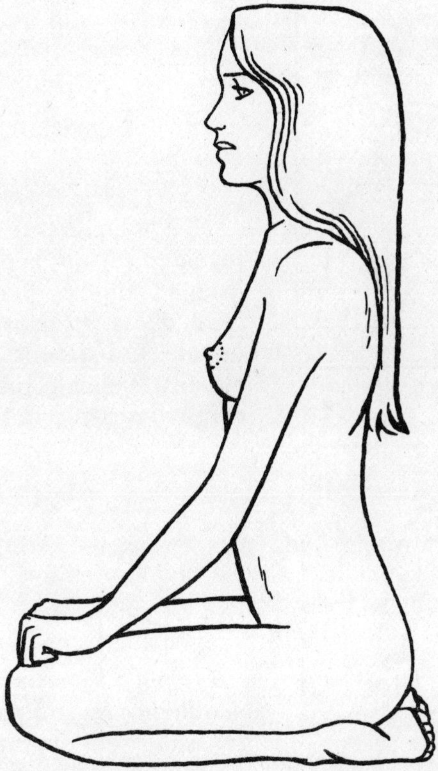

20

Vous adopterez la position qui vous convient pour pratiquer le do-in. Une des positions recommandée est de *se mettre à genoux* sur les talons réunis ou semi-ouverts, en écartant légèrement les genoux sur un tapis qui évitera les meurtrissures (20).

Réchauffez vos mains – lavées au préalable – en les frottant énergiquement l'une contre l'autre,

ET COMMENCEZ UN AUTOMASSAGE

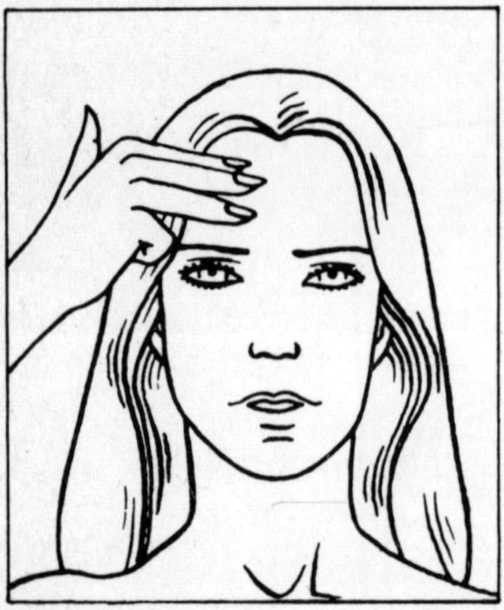

21

1. Appliquez sur le visage, au niveau du front, la pulpe de trois doigts : index, majeur, annulaire, de bas en haut, puis en diagonale. On stimule ainsi les méridiens : vésicule biliaire, vessie, cérébro-nerveux (21).

22

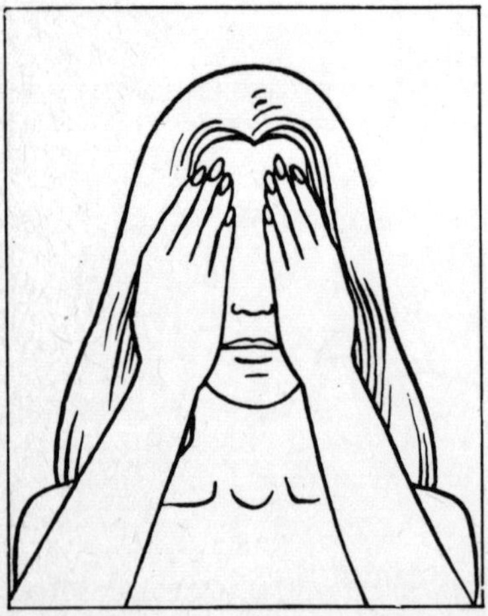

2. Frottez les mains, posez-les en coquilles sur les yeux fermés : le magnétisme des mains recharge l'œil, la chaleur diffusée stimule l'irrigation (22).

3. Roulez des yeux en tout sens, à gauche, à droite, tout en gardant les mains sur les yeux : vous renforcez ainsi la musculature.

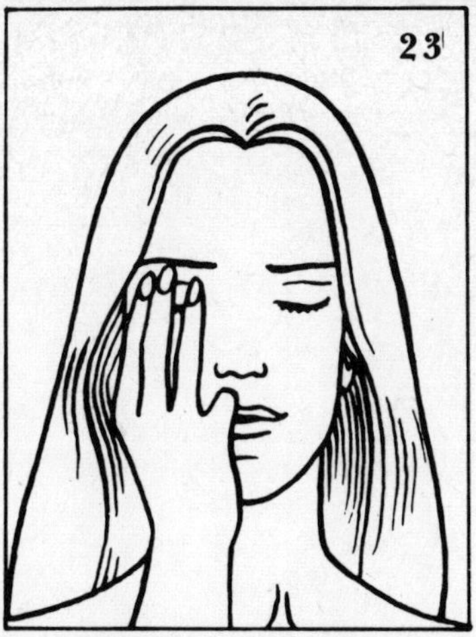

23

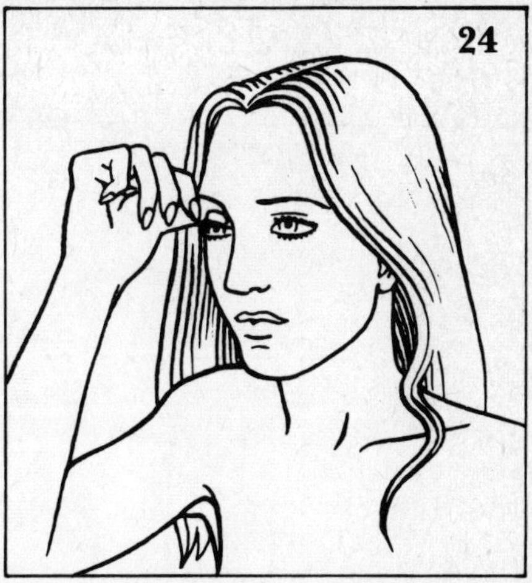

24

4. *Placez le bout des trois doigts entre l'arcade et le globe oculaire,* et effectuez de petites pressions sur la bordure osseuse (23).

5. *Effectuez les mêmes mouvements sous les globes oculaires.*

6. *Avec la pulpe du pouce,* découvrez un *point* dans l'arcade sourcilière supérieure près du nez, sous la racine du sourcil. L'énergie a tendance à s'accumuler dans ce creux (24).

Utile en cas de migraine, de conjonctivite.

7. *Pressez un point situé de part et d'autre des ailes du nez* avec la pulpe du pouce (25).

25

26

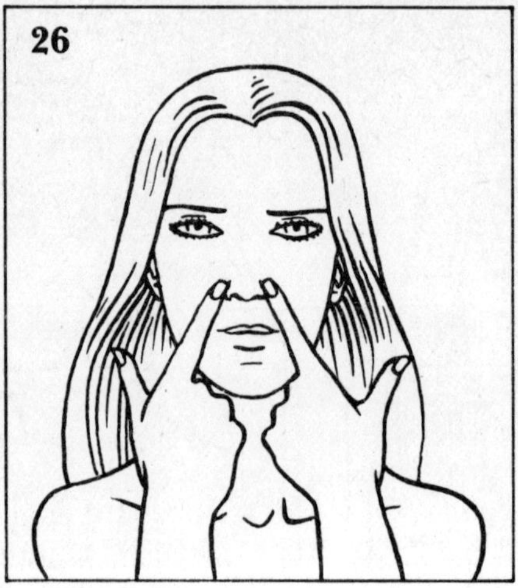

8. Avec la tranche des index, *frictionnez les sillons parallèles du nez* pour stimuler l'estomac et le gros intestin (26).

27

9. A l'aide des *pouces, trouvez 3 points équidistants* sensibles, dans le sillon, sous l'os malaire. Dans les cavités, l'énergie a tendance à stagner, il faut donc insister (27).

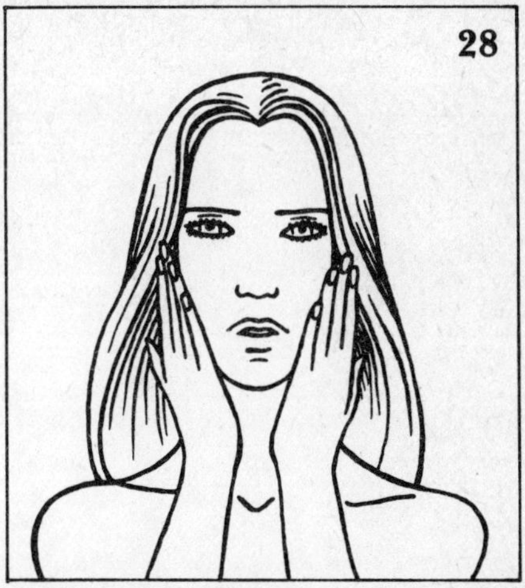

28

10. Frottez vigoureusement les joues de bas en haut en suivant la dépression du maxillaire inférieur. Agit sur l'estomac, favorise la circulation dans le visage (28).

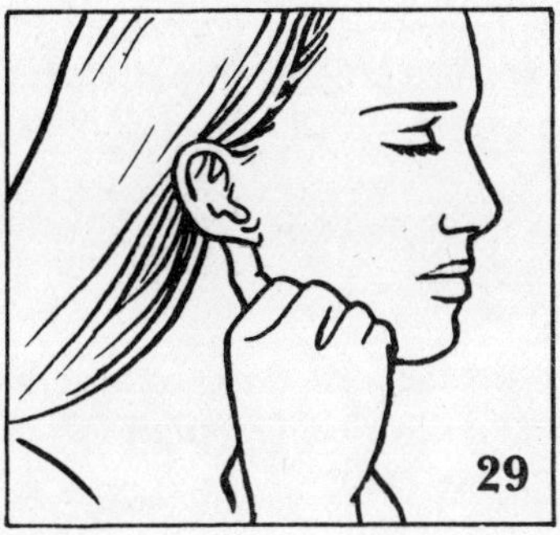

29

11. Sous le lobe de l'oreille, presse7 avec les pouces, le point situé dans la dépression. Pour les troubles de l'oreille et les maux de dents (29).

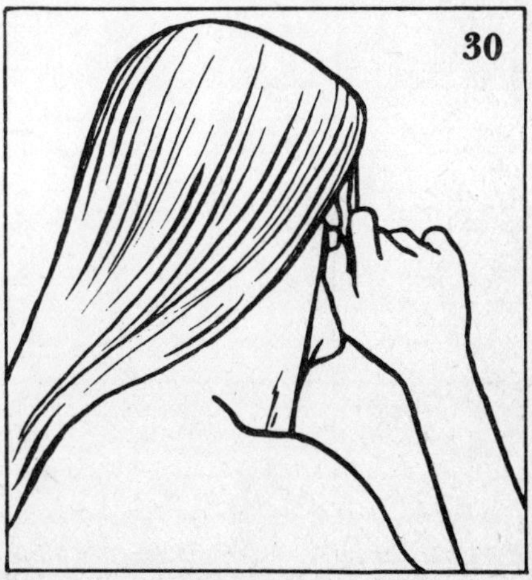

30

12. Saisissez entre le pouce et l'index repliés le lobe de l'oreille jusqu'à éprouver une sensation de chaleur. Bon pour les yeux et l'estomac (30).

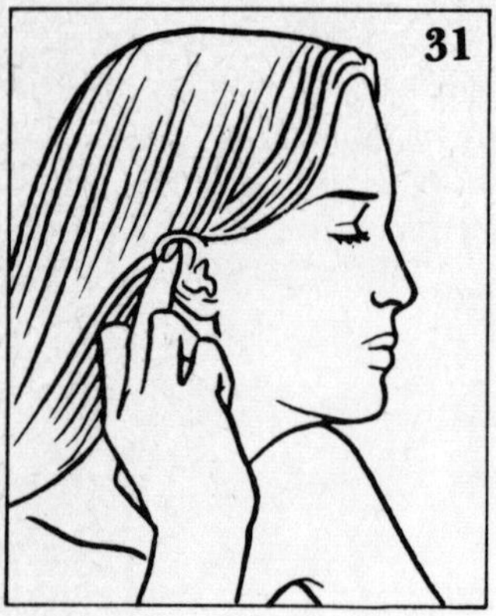

13. Introduisez le majeur dans les sillons de l'oreille et massez en suivant les spires. Action sur le système nerveux, la colonne vertébrale (31).

14. Frottez vigoureusement les deux oreilles, pour stimuler votre vitalité.

15. Avec le bout des doigts, tambourinez le cuir chevelu pour stimuler la circulation.

16. Saisissez les cheveux et décollez légèrement le cuir chevelu pour tonifier la chevelure et stimuler l'action cérébrale.

17. Prenez à pleins doigts la nuque et pressez en descendant de chaque côté des apophyses épineuses des cervicales. On peut effectuer une dizaine de massages de haut en bas (32).

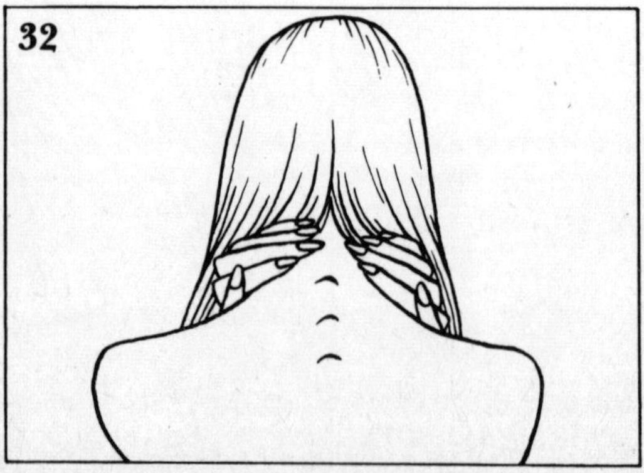

18. Effectuez des pressions de chaque côté à partir des creux d'Arnold, avec index, majeur et annulaire; pour le trouble du sommeil, les torticolis et les céphalées (33).

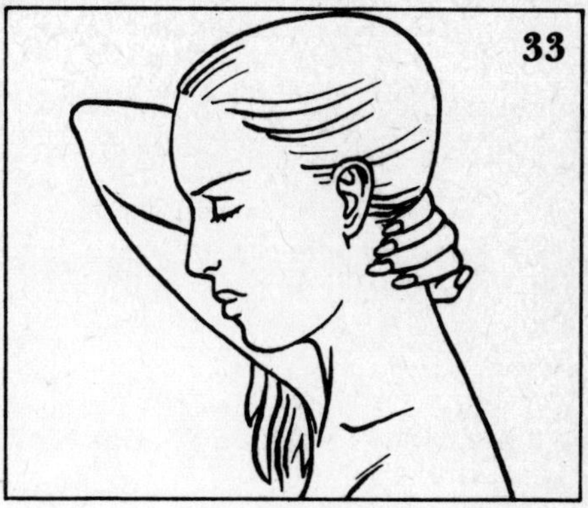

33

19. Pressez les muscles de la nuque entre le pouce et l'index (34).

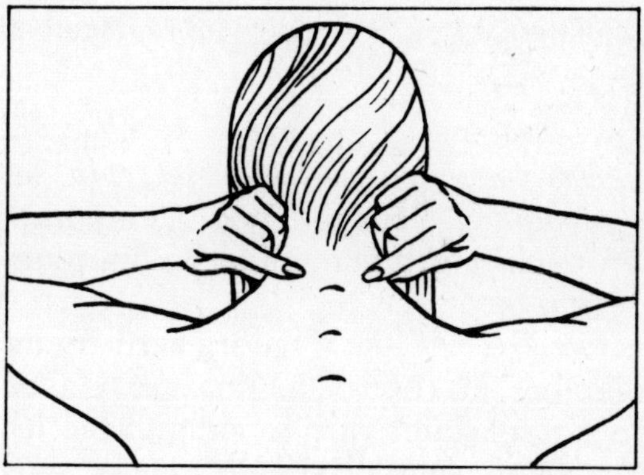

34

20. Pressez fortement dans le creux au-dessus de la 1re vertèbre cervicale, avec le pouce, horizontalement, puis vers le crâne (35).

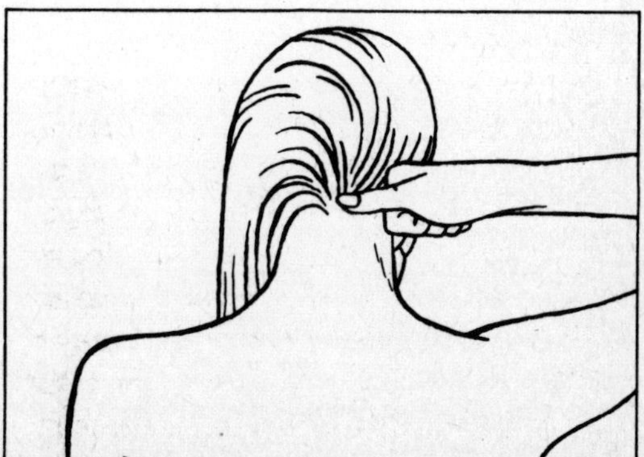

35

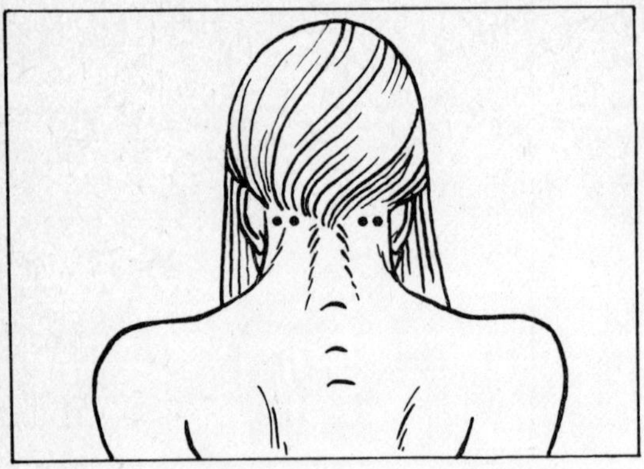

36

21. En inclinant la tête en arrière et en poussant le cou vers l'avant, on dégage un muscle apparent sur lequel se trouvent quatre points; à masser entre le pouce et l'index, légèrement et rapidement pour favoriser thyroïde et parathyroïde (36).

Ainsi, en 21 exercices, vous pouvez par le seul massage du cou et du visage favoriser la circulation d'énergie pour l'ensemble de l'organisme. Avec un peu d'entraînement et de pratique, il vous faudra *à peine 5 minutes.*

Pour une séance plus *complète de do-in,* il faudra arriver aux épaules, aux bras, aux jambes, au thorax, au dos, aux mains, aux pieds. On peut déjà remarquer que le visage avec les oreilles, les mains et les pieds sont privilégiés, en ce sens qu'ils donnent accès à l'organisme entier.

LES MAINS

Nous ne retiendrons que quelques points particuliers importants :

1. On peut masser avec le pouce, le dos de la main entre les espaces des os.

2. On massera chaque doigt entre le pouce et les autres doigts repliés, puis entre l'index et le majeur repliés en crochet.

3. En pressant très fortement pendant une minute le point situé à la base de l'ongle sur le bord interne de l'auriculaire, on agit sur le *cœur.* C'est le point des croque-morts car les fossoyeurs du Moyen Age mordaient le petit doigt pour s'assurer de la mort de leurs clients (37).

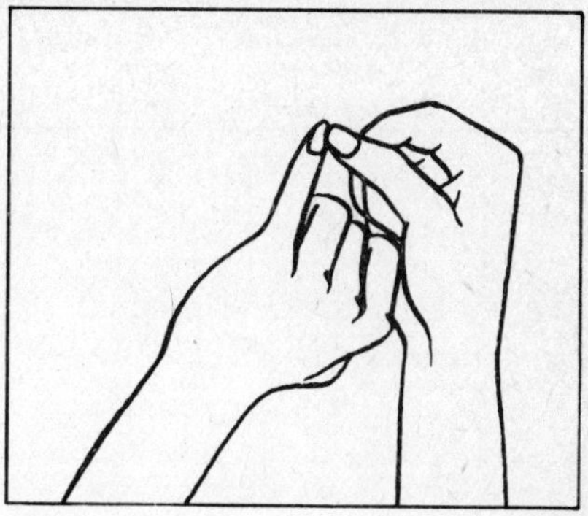

37

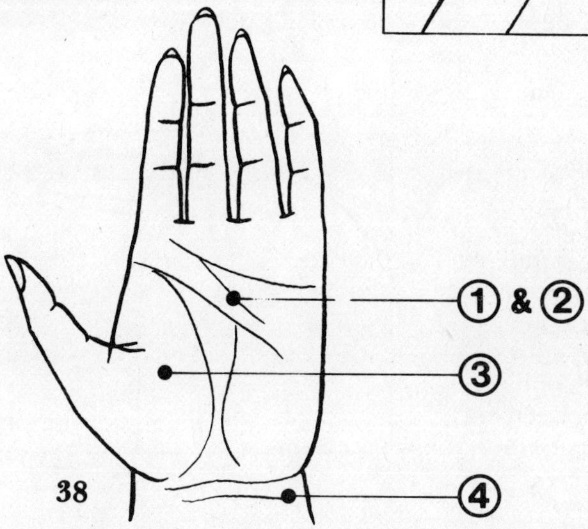

38

4. On peut traiter le cœur sur un point situé sur la ligne de cœur dans la paume (38, ①).

5. Entre l'index et le pouce, faites un massage circulaire pour tonifier le gros intestin.

6. Dans la paume de la main, le point « Lao Kong » stimule l'énergie donc combat la paresse (à rapprocher de « j'ai un poil dans la main » (38),②).

En cas de grande fatigue, on peut stimuler longuement ce point. On peut l'utiliser également dans les cas de *hoquet.*

7. Au milieu du mont de Vénus, une pression de quelques minutes, agit sur les maux de tête, les douleurs lombaires, etc. (38,③).

8. Dans le prolongement du petit doigt, à la charnière du poignet se trouve la « Porte de l'Énergie », recommandé dans les maladies de cœur et les dépressions mentales (38,④).

39

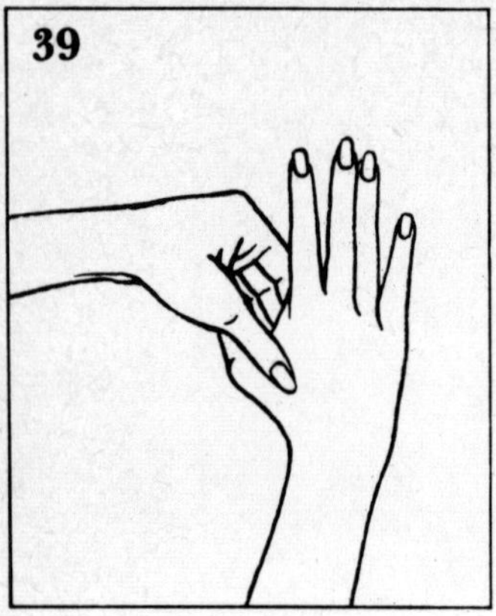

9. Entre le pouce et l'index, massez la « gueule du tigre » (39).

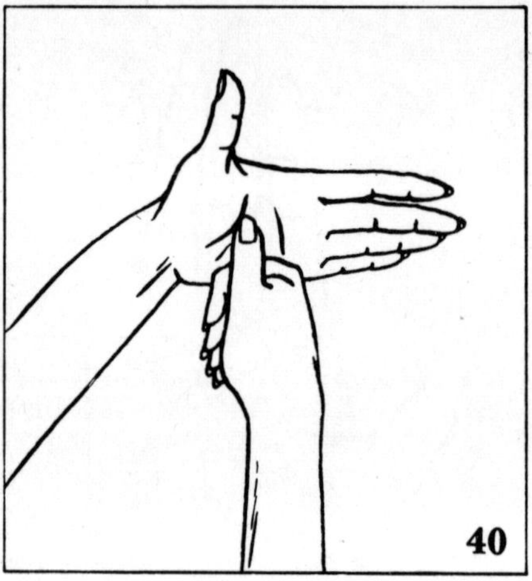

40

10. Sur la paume de la main, différents points répartis symétriquement traitent les organes internes et on peut ainsi procéder au massage entier de la paume par mouvements circulaires du pouce (40).

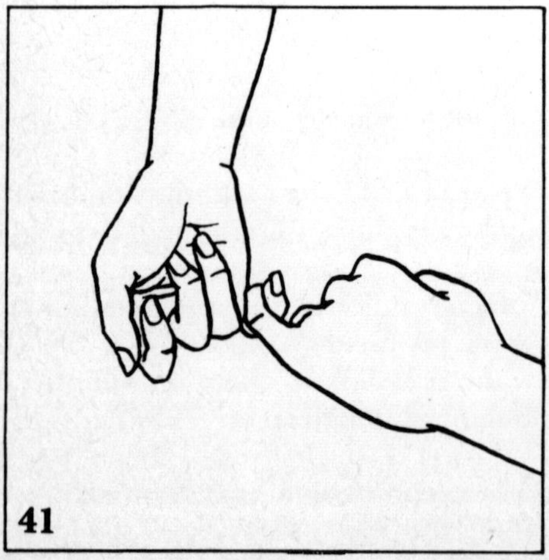

41

11. En cas de mal de cœur pendant les transports, entrelacez les petits doigts de chaque main en les tirant fortement (41).

LES PIEDS

On peut les considérer comme des carrefours stratégiques, particulièrement à cause de la cartographie de la plante des pieds. Les pieds sont très révélateurs du fonctionnement de l'organisme.

1. Saisissez successivement les orteils un par un et assouplissez-les, d'avant en arrière, puis dans un mouvement de rotation.

En tirant vers l'extérieur le gros orteil du côté correspondant à une narine bouchée, on peut améliorer la situation.

Au niveau de l'articulation des 2ᵉ et 3ᵉ orteils, on trouve des points correspondant aux yeux, et à la base des 4ᵉ et 5ᵉ orteils, ceux correspondant aux oreilles.

2. Isolez le gros orteil et faites-lui effectuer des mouvements de rotation, jusqu'à 50 pour revitaliser le corps. *En cas d'insomnie, il faut masser la pulpe du gros orteil gauche.*

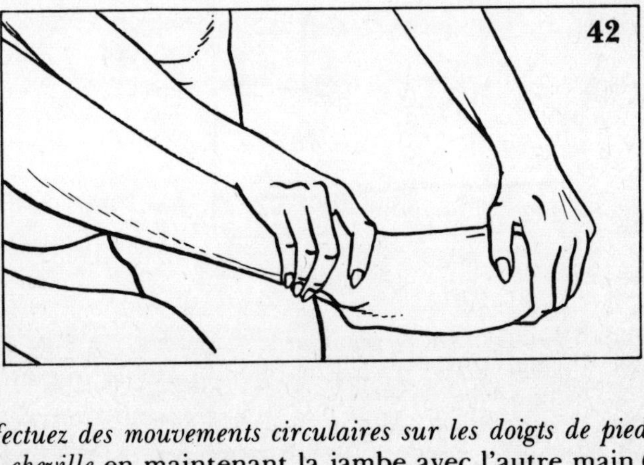

42

3. Effectuez des mouvements circulaires sur les doigts de pieds réunis et sur la cheville en maintenant la jambe avec l'autre main (42).

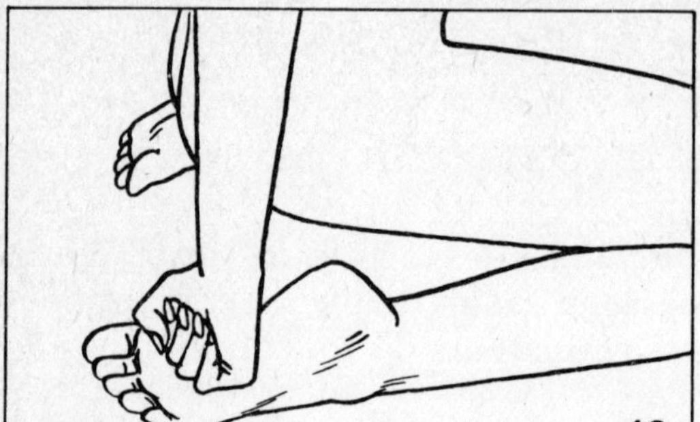

43

4. Pétrissez la voûte plantaire en profondeur avec le pouce ou le poing fermé (43).

5. Pressez le point « source bouillonnante », point d'entrée et de dispersion de l'énergie; utile en cas de coup de chaleur (44).

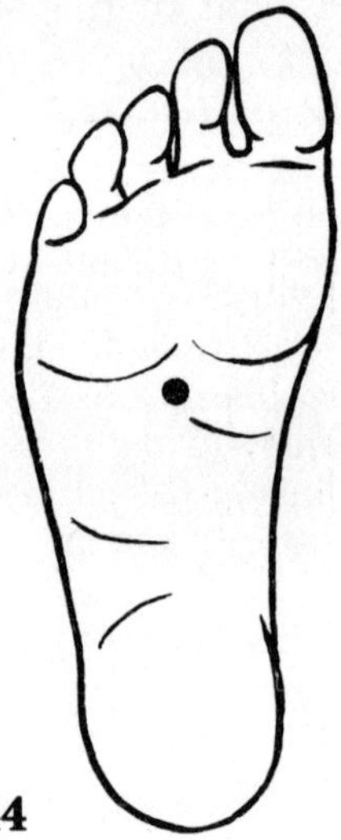

44

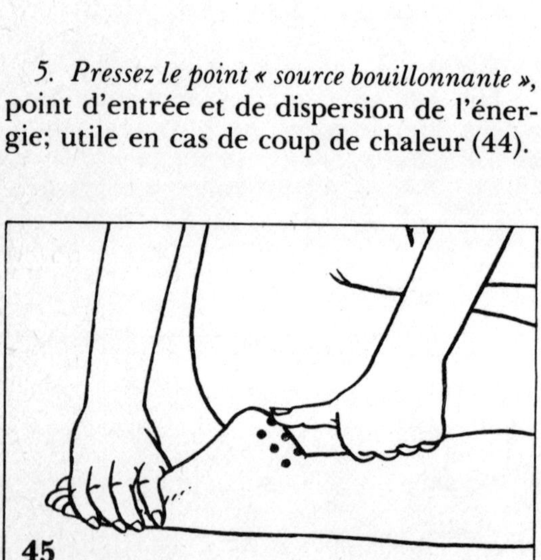

45

6. Pressez 3 points sur la partie interne du tendon d'Achille au milieu et un peu plus sur le bord externe; utile pour le *trac,* stimule la fonction sexuelle (45).

7. Massez le talon à pleines mains.

LES ÉPAULES

La région des épaules est particulièrement visée parce qu'elle accumule des tensions émotionnelles qui ne s'éliminent pas par la respiration.

Dans cette zone passent les méridiens de l'intestin grêle et du gros intestin. La raideur des muscles dans cette région indique souvent des troubles intestinaux chroniques. Cette partie mobile a tendance à se bloquer par la peur, l'anxiété, l'agressivité.

46

1. *Pétrissez à pleines mains le muscle trapèze* (46).

2. *Frappez vigoureusement avec le plat de la main* pour éliminer le mauvais sang accumulé dans les muscles des épaules.

On peut utiliser l'air chaud d'un séchoir à cheveux pour décongestionner les épaules.

LES BRAS

Le massage des bras met souvent en évidence des nœuds douloureux chez des êtres tendus, nerveux. Les frictions profondes et les étirements font le plus grand bien.

47

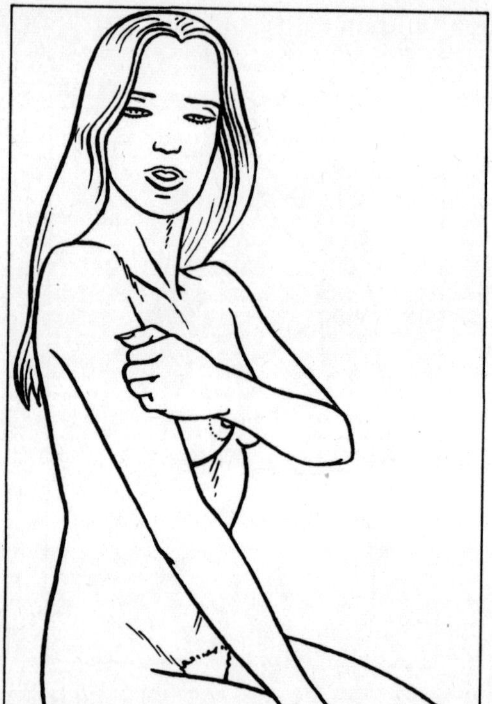

1. Frappez la partie externe du bras depuis le sommet de l'épaule, de part et d'autre de l'os (47).

2. Massez avec la paume de bas en haut sur la face externe.

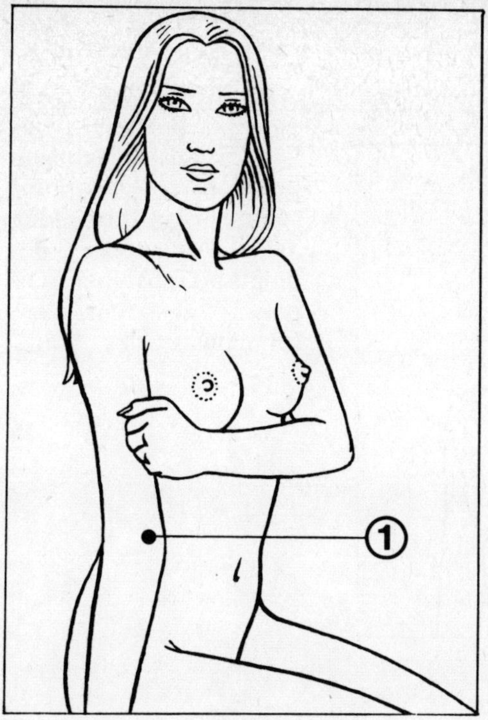

48

3. Frappez sur la face interne de part et d'autre du muscle (48).

4. Sur la face interne du bras, à l'extrémité externe du coude « la joie de vivre », contre les névralgies (48,①).

5. Massez le point situé sur le bord externe de l'avant-bras à 3 travers de doigt au-dessus du pli du coude (49,①).

Souvent douloureux en cas de constipation et de diarrhée, il soulage les douleurs des épaules, du bras, et les maux de tête.

6. Le « point du trac » dans la gouttière cubitale (49,②).

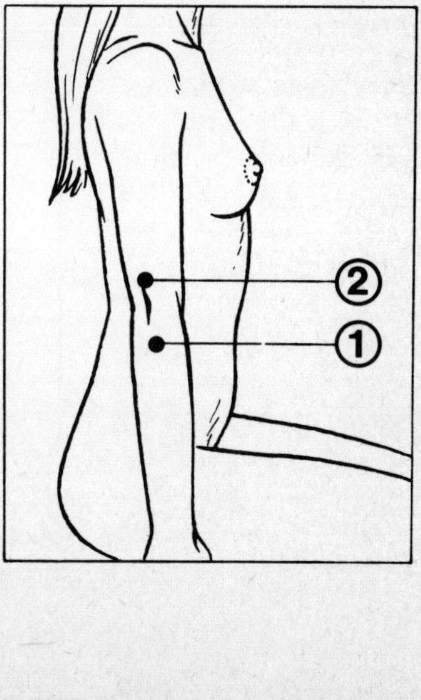

49

LE THORAX

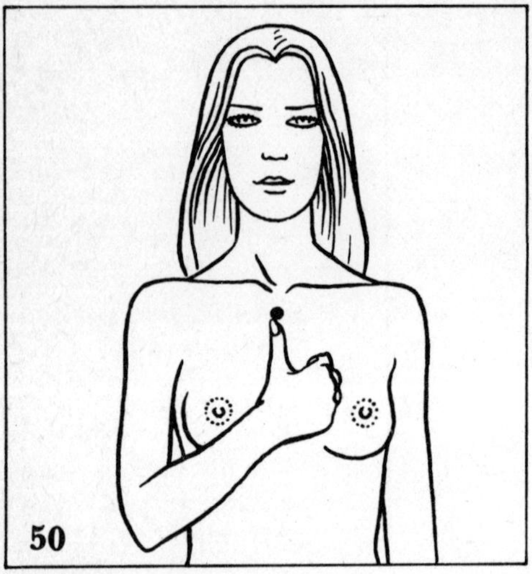

50

1. Poumons pleins ou poumons vides, tapotez toute la cage thoracique avec l'extrémité des doigts pour tonifier, puis passez vigoureusement les mains sur les côtes.

2. Massez un point situé à la base de la gorge, dans le V, pressez fermement, à l'aide du pouce; action sur le psychisme. 4 autres points s'échelonnent verticalement à la distance d'une largeur de pouce (50).

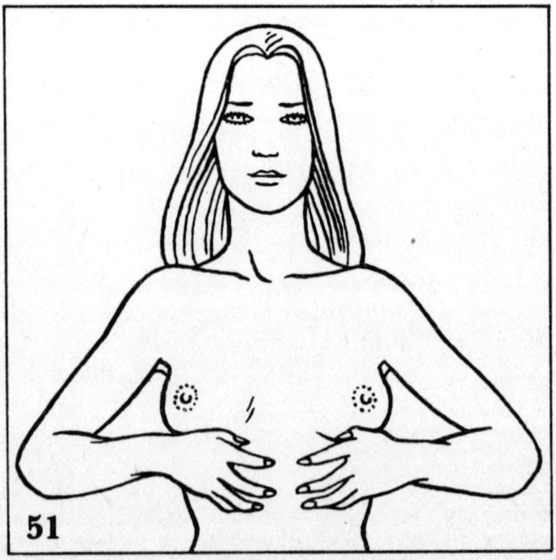

51

3. Roulez la peau à partir du ventre et remontez sur les côtés de la cage thoracique. La peau doit être souple, ferme, se détacher facilement (51).

L'ESTOMAC

1. Inspirez profondément, engagez l'index, le majeur et l'annulaire sous les côtes. En expirant, penchez-vous en avant (52). Pour stimuler le foie et la rate.

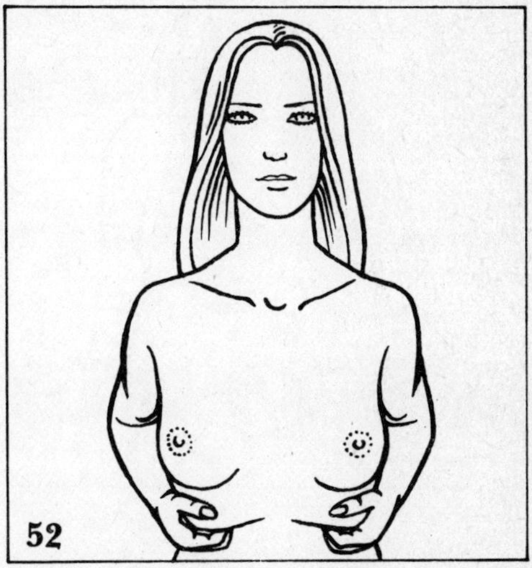

52

2. *Engagez les deux mains repliées, doigts tendus au creux de l'estomac;* pendant deux minutes, et répétez la manœuvre pour relaxer l'estomac et libérer les tensions au niveau du plexus solaire (53).

53

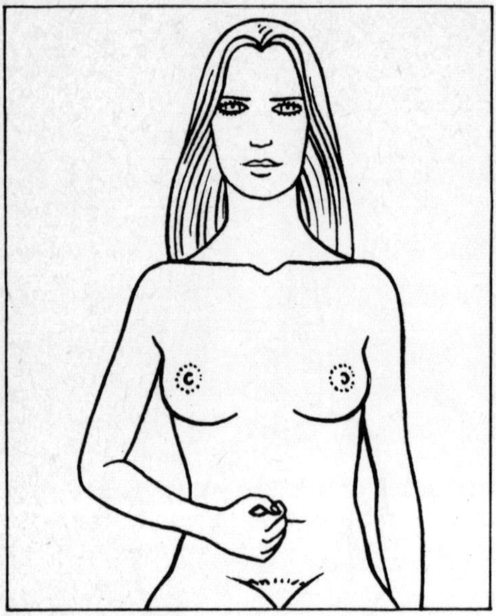

54

3. Appliquez le bout de l'index du majeur et de l'annulaire sous le nombril, main verticale, poignet plié. Sous le majeur, se trouve un point à masser (54).

Soigne l'hypertension, l'insomnie.

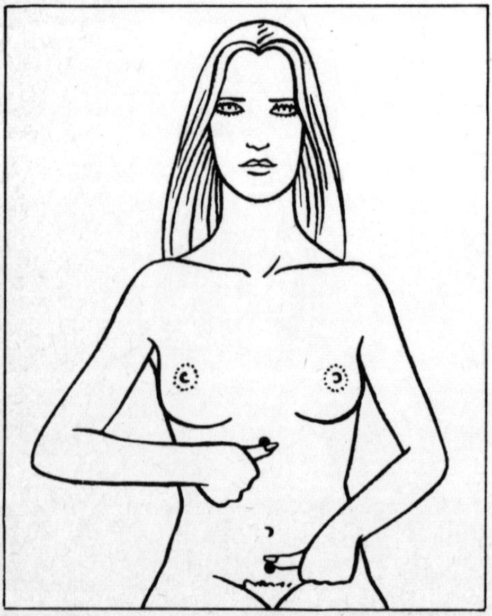

55

4. *Pressez avec le pouce un point situé sur la ligne médiane du ventre,* un travers de main sous le nombril (constipation), et un autre point, un travers de main au-dessus du nombril (douleurs de ventre) (55).

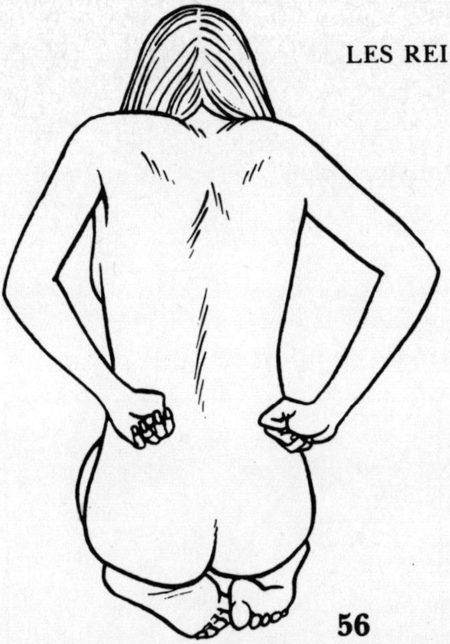

LES REINS

1. On peut frapper son dos à la hauteur des reins, avec le dos des mains et remonter. L'effet est vibratoire. Excellent pour l'appareil digestif et les reins.

2. Massez profondément la fossette au niveau des reins avec le majeur replié et bloquez par le pouce sur l'ongle (7 minutes). Lutte contre la sciatique (56).

3. Avec le majeur replié, frappez sur la dépression iliaque (57).

56

57

LES CUISSES

Frappez sur la face antérieure de la cuisse, poings fermés. *Frappez ensuite sur la face externe de la cuisse,* sur la partie interne. Massez le pli de l'aine avec les mains à plat.

LES GENOUX

Il faut favoriser l'élimination de ce point sensible du corps.

En position assise, genou plié :

1. Frottez le genou à deux mains avec les paumes, puis la partie supérieure de la rotule avec une seule main.

2. Genou allongé, placez le pouce et l'index de chaque côté dans les gouttières et massez profondément (58).

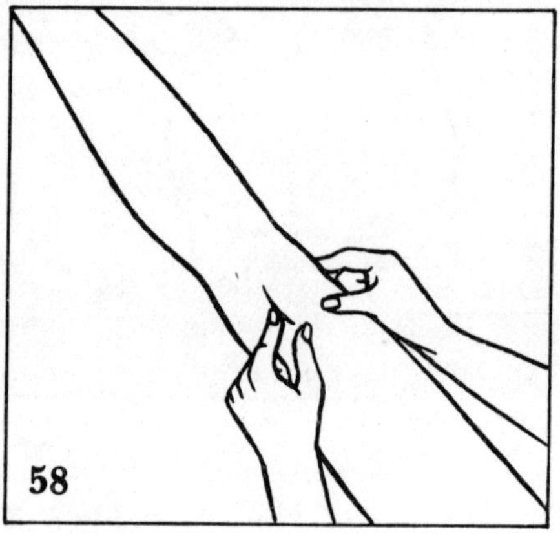

58

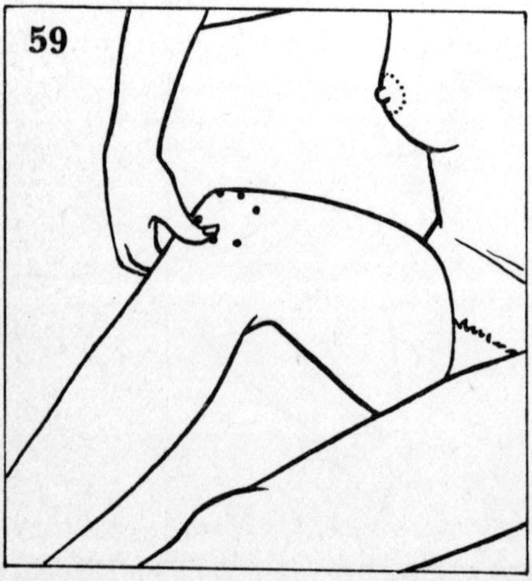

59

3. Avec le pouce, les autres doigts sous le genou, pressez trois fois six points situés sur les bords inférieur et supérieur de la rotule (59).

LES JAMBES

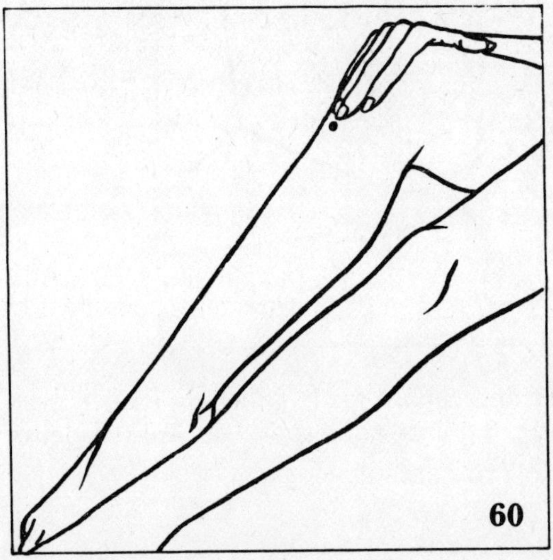

60

1. En massant le point *san-li,* on peut éliminer la fatigue. Pour le trouver, on pose la paume de la main sur la rotule, les doigts en direction du pied, et le point se trouve alors à l'extrémité du *médius* (60).

Le massage de ce point très dynamisant, excitant naturel, est à déconseiller le soir. A recommander en cas de troubles divers.

2. Sur la face interne de la jambe, les pouces bout à bout s'engagent dans le sillon compris entre muscle et tibia (61).

61

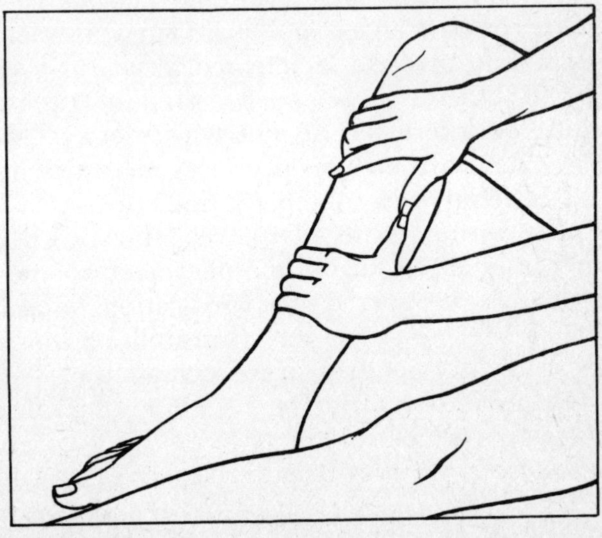

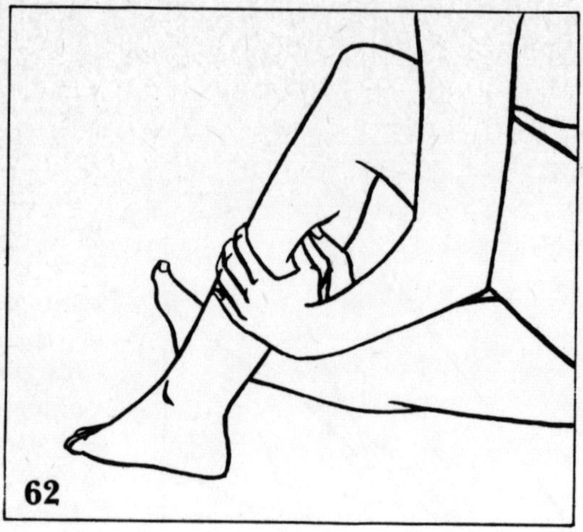

62

3. Derrière la jambe, en descendant sur le milieu du mollet, avec les deux pouces, on masse 8 points correspondant aux douleurs lombaires et aux arthrites (62).

Lorsque vous aurez assimilé l'ensemble de ces connaissances de base en les appliquant sur vous-même à un moment ou à un autre de la journée, *vous aurez déjà remporté une grande victoire sur vous-même,* sur l'inertie qui nous pousse à nous désintéresser de notre précieux véhicule-corps dont nous devrions être les premiers mécaniciens.

Au début, vous obéirez à une curiosité, à une conviction, à une optique santé-bien-être, puis vous découvrirez peu à peu la qualité d'un tel moment avec soi-même. Vous aurez trouvé le support d'une vérification quotidienne de votre état d'énergie. Vous serez sensibilisé à une écoute du corps et vous interviendrez préventivement.

Selon le bon principe : « Pour aimer les autres, il faut d'abord s'aimer soi-même », si vous avez appris à vous soigner, vous pourrez soigner les autres. Si vous avez appris à vous masser vous pouvez masser les autres. Vous serez connaissants avec votre tête mais aussi avec vos mains. Vous vous apercevrez rapidement que les mains ont leur propre intelligence, qu'elles vous guident autant que vous les guidez.

Avant tout massage, que ce soit automassage ou massage à deux, créez une atmosphère de *détente propice,* parfumée ou non, silencieuse ou avec fond de musique douce, la température doit dépasser 20° pour que la nudité soit bien supportée.

Si donc vous voulez passer
du « JE ME MASSE »
au **« JE TE MASSE »,**
observez quelques règles.

1. *Considérez vos mains avec une attention un peu différente.* Commencez à les comprendre et à ne faire qu'un avec elles. Considérez-les comme de bons et beaux instruments susceptibles de transmettre votre énergie positive. N'oubliez pas que c'est par les mains que certains êtres parviennent à guérir. Mettez-vous à l'écoute de ce qui se passe lorsque vous massez. Quel que soit votre niveau d'information, de conviction, d'expérience sur ce sujet, mettez-vous en quelque sorte en état de disponibilité. Dégagez-vous de toute forme de préoccupation mentale pour être totalement présent. *Vous devenez un dispensateur d'énergies bienfaisantes.*

2. Ne massez pas n'importe qui n'importe quand, et inversement, ne vous laissez pas masser par n'importe qui, en n'importe quelle circonstance.

3. Considérez le massage comme un art qui réclame tous vos soins, art de vivre, facteur de santé, de bien-être, mais aussi *plaisir raffiné.*

4. Lavez-vous les mains avant et après chaque massage, avant pour éliminer toute souillure, après pour vous « nettoyer » d'une énergie accumulée.

On peut « décharger » ses mains en les agitant vers le sol.

5. *Créez une atmosphère propice à la détente.* Quand c'est possible, masseur et massé peuvent prendre un bain ou une douche suivie d'une friction sur tout le corps avec des huiles essentielles. Les tensions superficielles seront ainsi éliminées.

Le « massé » s'allonge à même le sol sur une mince couche de mousse, ou sur une table spécialement construite à cet usage. Une pièce de tissu éponge recouvrira mousse ou table. Une huile de massage pourra être utile, soit une huile achetée dans le commerce, soit une bonne huile de table avec quelques gouttes d'essence naturelle de fruit ou de fleur. On met quelques gouttes dans la paume et on l'étale doucement sur l'endroit à masser. Pas trop d'huile! La peau ne doit pas montrer de tache visible.

6. A la manière dont vous le sentez, établissez un *courant de sympathie* avec la personne que vous voulez masser. *Respirez profondément.* La respiration est importante pendant le massage. Expiration et inspiration doivent s'accorder aux mouvements du massage. Prenez conscience aussi de votre position. *Ne vous fatiguez pas inutilement.* Une fois le contact établi avec un corps, ne le rompez pas pendant toute la durée du massage. Même lorsque vous passez d'un côté à l'autre, vous devez maintenir le contact par une main. Ne parlez pas. Laissez votre « massé » se concentrer entièrement sur les sensations que vous lui procurez.

Commencez par le visage

Le « massé » est allongé sur le dos.

La personne qui masse est à genoux et se tient juste derrière la tête (63). Les doigts reposent sur les tempes. Les pouces massent le front en partant du centre et en rejoignant circulairement les tempes. Massez tout le pourtour des yeux, en travaillant centimètre par centimètre les orbites supérieures et inférieures. Glissez les pouces le long des paupières, deux ou trois fois. Massez les ailes du nez en partant du nez

63

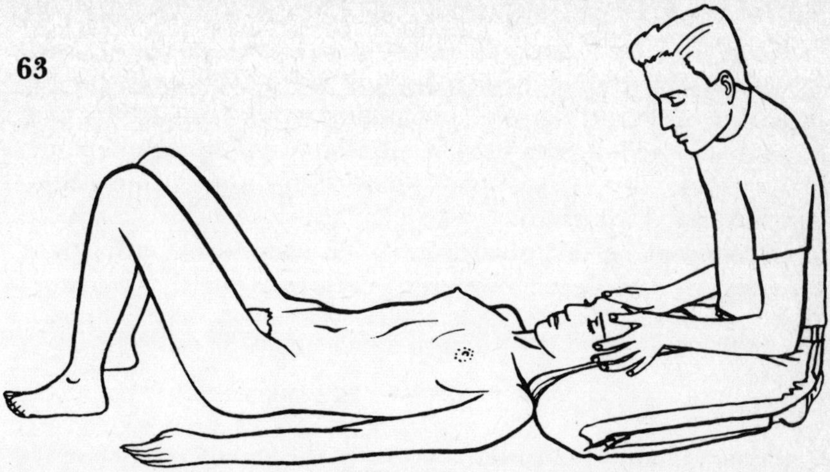

et en allant vers l'extérieur du visage. Recommencez. Les tensions ont toujours tendance à s'accumuler dans cette région proche du nez.

Massez les joues et particulièrement l'intérieur de l'os en terminant par de petits mouvements circulaires. Massez les lèvres supérieures et inférieures avec les pouces. Terminez le visage par un glissement du pouce et de l'index, du menton jusqu'aux oreilles. Toutes les connaissances que vous avez acquises des points de tension peuvent être utilisées. Mais ce massage par points d'énergie s'accompagne d'un massage général de décontraction musculaire.

Les oreilles

Elles seront massées comme en do-in, par pincement du lobe et pression dans tous les replis des cavités intérieures de l'oreille.

On aborde le cou

On tourne la tête vers *la gauche.* On travaille avec la main droite en petits cercles de la base du cou à la racine des cheveux. On tourne la tête vers *la droite* et on recommence. On soulève la tête et on la fait basculer vers l'avant aussi loin que possible. On décolle la peau du cuir chevelu pour qu'elle bouge sur les os du crâne. Les mains redescendent jusqu'au cou, glissent le long des bras, remontent du poignet à l'épaule, les deux paumes enveloppant l'extérieur *du bras,* puis redescendent par l'intérieur.

Le massage se fait plus précis avec les pouces, en partant du poignet. On décrit de petits cercles autour du coude.

On arrive aux mains

Prenez chaque main dans votre main gauche et massez la peau avec le poing fermé de la main droite. Puis, faites intervenir les pouces. Souvenez-vous des points d'énergie et faites un massage comme en do-in.

Vous continuez par le thorax et l'abdomen

Les paumes sont posées à plat au milieu de la poitrine, et glissent le long de la poitrine jusqu'à la partie inférieure de l'estomac. Puis les mains s'écartent, épousent les hanches et tirent vigoureusement en direction des épaules. Le pouce et l'index massent les clavicules. On peut intervenir sur l'estomac comme en do-in. Puis, on pétrit doucement la taille, une main de chaque côté. Le ventre est massé circulairement dans le sens des aiguilles d'une montre jusqu'à ce qu'il soit souple. Les mains glissent jusqu'à l'aine, puis travaillent les cuisses par tapotements, extérieur et intérieur, lissant et décontractant. Les mains se posent tête-bêche sur la cheville et côte à côte, passent de la cheville à l'aine. Arrivées à l'aine, elles se séparent et redescendent séparément, l'une sur la face externe, l'autre sur la face interne.

Le massage du genou se fait comme en do-in, avec la recherche de différents points de la rotule; la cheville est encerclée et massée. Le pied est massé aussi comme en do-in avec les pouces et avec les poings, particulièrement la plante des pieds. On saisit chaque doigt de pied en lui imprimant un mouvement de spirale.

Le massé se met SUR LE VENTRE. *On repart des pieds à la tête.* Et d'abord, des chevilles aux mollets et aux cuisses par pression ferme des mains tête-bêche, qui se séparent à l'aine, et redescendent chacune de leur côté, l'une à l'intérieur et l'autre à l'extérieur. On masse avec les pouces le mollet puis le creux du genou, l'intérieur des cuisses.

Les fesses

C'est un endroit facile et agréable à pétrir entre le pouce et les doigts. Avec l'index replié, on masse au centre de la fesse un petit creux entre deux gros plis de muscle. Puis on fait vibrer les masses avec la paume.

Le dos

C'est la partie la plus sollicitée par le massage, et un bon massage du dos donne une grande impression de bien-être. Les paumes sont posées à plat sur le dos, les doigts pointés vers la colonne vertébrale, et elles glissent le long du dos. Puis, les pouces travaillent en petits mouvements près de la colonne vertébrale. Les deux mains travaillent sur la colonne de bas en haut, de haut en bas. Les mains se déplacent sur les parties latérales de bas en haut. Les pouces massent les muscles des omoplates. Terminez par la nuque. Insistez sur tous les points d'énergie.

Les mains perpendiculaires au corps frappent rapidement et alternativement le dos, la colonne, les fesses, les cuisses, les mollets. Puis, elles se font légères et effleurent tout le corps de la tête aux pieds. Un tel massage demande un peu de connaissance et beaucoup d'attention, de créativité..., d'amour. C'est un don de soi, le don du bien-être à l'autre. Le massage peut se prolonger par une relaxation.

On peut considérer le massage *comme une découverte du corps,* mais aussi comme une *redécouverte du toucher,* une écoute des sensations.

CORPS D'AMOUR

Le massage est une *source de plaisir* et vous pouvez le vivre comme tel en le transformant en massage *érotique.* Il ne s'agit plus alors de détendre mais d'exciter subtilement. Le corps n'a pas pour seule zone érogène le sexe. Les seins, bien sûr, mais aussi les fesses, l'intérieur des cuisses, la partie inférieure du dos, les oreilles, les lèvres, le cou, la paume des mains, la saignée du bras, les aisselles, le bas-ventre, la plante des pieds, le gros orteil, le creux du genou, et... le haut de l'arcade sourcilière.

Le corps tout entier devient émission d'ondes de plaisir qui irradient de place en place. Vos mouvements se feront longs et caressants, ou légers, dansants, imperceptibles et inattendus. N'oubliez pas le périnée entre le rectum et les parties génitales. Faites-vous plus précis. Repartez. C'est un art... tout en nuances, lenteur et maîtrise.

Après chaque bain ou douche, frottez-vous énergiquement avec un gant de crin qui favorise la circulation et élimine les toxines.

FAIRE L'AMOUR

Il semble que *faire l'amour* soit la préoccupation majeure de notre époque... de toutes les époques bien sûr, mais nous sommes dans un contexte de libération sexuelle sans précédent au niveau social. Cette libération est sans doute plus apparente que réelle et plus quantitative que qualitative.

Mais surtout, on arrive à une nouvelle forme de coupure corps-esprit. Il est significatif que des radios de grande écoute diffusent les messages des techniciens du week-end, à la recherche de nouveaux partenaires, répétant inlassablement à quels fantasmes ils aimeraient se livrer, fantasmes qui d'ailleurs ne se renouvellent guère en une heure d'écoute. Il n'est pas question de sentiment, on recherche un partenaire sexuel comme on recherche un partenaire de tennis, encore est-on parfois plus facilement sélectif.

Ceux qui vendent l'amour sont bien près d'être rejoints par ceux qui se déplacent dans la technique même non verbale. Goût de l'aventure, direz-vous... douteux et asphyxiant! Frénésie des corps! Il faut bien que corps exulte! Oui, mais pas au prix du vide de l'âme. Une séance de transpiration s'obtient aussi par la course à pied!

Tout est possible, bien sûr, mais tout dépend de l'état d'esprit, de la recherche, de la qualité vibratoire qui préside à chaque situation; car ce qui se passe dans la rencontre est un phénomène vibratoire né du désir.

Le désir allume un feu d'intensité qui parcourt tout le corps d'une merveilleuse énergie, source de renouvellement; dans le désir, l'être accède à son unité, à la plénitude de son présent comme dans la méditation. Il y a une dimension impérieuse et animale dans le désir, mais il y a aussi une dimension sacrée de réconciliation de l'individu avec le tout. Potentiellement, pour une âme vivante et vibrante, il y a dans le parcours du désir un chant cosmique. Il n'y a pas d'éducation pour stimuler cet éveil. Certaines natures plus sensibles, plus artistes, plus affinées le contactent spontanément et parviennent à une jonction harmonieuse entre l'aspiration de leur âme et l'épanouissement de leurs sens. D'autres se coupent et vivent séparément ces deux aspects. Notre époque « matérialisante » a tendance à provoquer et entretenir cette coupure. En amour comme ailleurs, on veut AVOIR, et non ÊTRE, ce qui rend la chair triste.

Alors que la chair est merveilleusement gaie. Nous sommes pétris de sensualité, nous pouvons accéder à la jouissance par tous les pores de notre peau. Nous sommes des instruments ultra-perfectionnés pour le plaisir si tant est que nous sachions exercer l'art du musicien.

Le corps tout entier est fait pour l'amour dès qu'il est pleinement présent dans l'instant. Les femmes ont souvent davantage ce privilège et ce pouvoir d'une « jouissance cellulaire ». Le culte qu'elles rendent généralement à leur apparence physique les prédispose à cette ouverture solaire – du moins certaines. Elles vont et viennent, apparemment occupées, et en réalité attentives à cette plénitude d'exister, plus disponibles pour l'amour qu'aucun homme, peut-être, n'a pu le comprendre. L'essence de la féminité, de la passivité est faite de cette prédisposition à la plénitude; elle fait tout l'attrait conscient-inconscient exercé sur l'homme.

Celui-ci se tend plus volontiers vers l'action, la réalisation, la puissance, il a le goût du pouvoir extérieur, et lorsqu'il se lasse de ses jeux de conquête sur la matière, il a soif de son union avec la femme qui le ramène dans l'être.

Cela n'est qu'un schéma puisque chaque individu, malgré son sexe apparent, est une composante de facteurs féminins et masculins. Mais, il est intéressant de distinguer les différents aspects de son être.

Si faire l'amour est une activité noble, on peut faire l'amour avec la nature, avec soi-même ou avec l'autre : c'est une disposition solaire et permanente de l'être dont on use selon ses désirs et ses possibilités.

La rencontre avec l'autre est un échange vibratoire qui doit faire monter l'intensité individuelle.

Il y a là une part de mystère et de magie qu'il faut respecter, goûter à sa juste mesure, créer même si vous faites partie des magiciens. La technique n'est là que comme support d'une brillante inspiration.

La rencontre sexuelle bien comprise et bien vécue est une élévation par l'orgasme, une communion et une transcendance.

Il n'entre pas dans le cadre de ce livre de développer plus longuement ce sujet. Mais l'énergie sexuelle bien utilisée ne repart pas par en dessous, mais par au-dessus, et enrichit l'être d'énergies protectrices et positives.

11

Devenir à soi-même son propre médecin

Plus de Sécurité sociale, mais une sécurité individuelle. Voilà de quoi faire rêver ceux qui s'arrachent les cheveux devant les déficits toujours grandissants des budgets de santé. Pour un pratiquant des méthodes d'hygiène naturelle, l'histoire est énorme. Tant de maladies, tant de médicaments, tant de médecins, tant de lieux de soins, une énergie colossale à dépenser pour réparer les effets d'une erreur généralisée qui se nomme mauvaise alimentation, mauvaise hygiène de vie en général, mauvais rapport au corps. A l'heure actuelle, le problème est tel que les gouvernements des pays riches commencent à s'alarmer. *A quand un ministère de la Table?* Ce ne sont pas des raisons de sagesse et d'humanité qui déclenchent cette alarme. Non, il s'agit d'argent, toujours d'argent, et la maladie pose un problème financier. Aux États-Unis, et en Suède, les gouvernements ont déclenché des campagnes contre les sucres et les graisses, dénoncés comme les ennemis majeurs de la santé. Consommez moins de sucre, qu'il soit blanc ou brun. Faites attention au sucre caché dans les Coca-Cola, ketchup et autres! Le sucre est un produit additif, plus on en mange, plus on a envie d'en manger, faites attention, soyez vigilants, contrôlez vos envies de sucre! Le sucre fait grossir, le sucre rend nerveux, etc.

Supprimez les graisses de votre alimentation! vous mangez trop riche! vous vous encrassez! Par une campagne de propagande anti-sucre, anti-graisse, on essaye d'enrayer les dégâts. Nul doute que ces diktats déguisés ne sévissent bientôt en Europe pour aider une population gâtée à retrouver le sens de la mesure. Déjà, on s'efforce de développer les services de prévention, de manière à détecter ceux qui ont particulièrement intérêt, vu la faiblesse de certains de leurs organes, à faire attention à leur alimentation. Pour d'autres, le problème serait apparemment moins urgent. Nous connaissons tous de ces gens qui affirment n'avoir ni foie, ni estomac, qui mangent beaucoup sans avoir l'air incommodés. Cependant, à y regarder de plus près, il y a toujours une raison à cet équilibre, si tant est qu'il se maintienne : on peut manger beaucoup si on se dépense beaucoup, on peut manger beaucoup à certains repas et devenir spontanément très sobre à d'autres, quitte à sauter des repas. Certains êtres ont ainsi une régulation naturelle qui explique leur aptitude à des débordements. Ils ont intuitivement découvert ce secret premier : *être à soi-même son propre médecin.* Positivement tout est possible et rien n'est formellement interdit à partir du moment où l'on est capable de connaître ses propres limites. Cette connaissance de soi à un niveau biologique a comme toute connaissance deux aspects qui ne vont pas l'un sans l'autre : intuitif et rationnel.

La connaissance intuitive est essentielle : c'est elle qui est le moteur, le régulateur et l'inspirateur de cette démarche. Elle implique la capacité de se tenir au centre de soi, comme une sorte de cerveau investigateur qui prend contact avec la réalité vivante et mouvante des cellules. Elle tire les signaux d'alarme, indique les diagnostics, et les remèdes. Psychologiquement, elle se traduit par la sensation de savoir se prendre en main. On est responsable de son corps sans pour autant lui porter une attention démesurée et névrotique. On a installé en soi une sorte de baromètre de santé qui rend compte d'une température : beau fixe, temps variable, tempête avec toutes les nuances qui permettent de passer d'un état à un autre. Mieux vaut prévenir que guérir. La meilleure intuition est celle qui se rend sensible aux premiers signes de faiblesse d'un organe, pour intervenir avant qu'un trouble véritable s'installe.

La connaissance rationnelle arrive à la rescousse avec tout son matériel analytique, alors que la connaissance intuitive pouvait être qualifiée de synthétique. Toutes sortes d'éléments de ce livre sont là pour la nourrir et la soutenir. Elle est logique, classificatrice. Elle vous permet d'enrichir, de moduler, la connaissance intuitive. Quelque chose vous dit que vous manquez de vitamine, mais laquelle et où la trouver? La réponse sera donnée par une exploration rationnelle. Vous sentez que vous avez commis une erreur dans votre dernier repas, vous vous sentez un peu lourd et nauséeux. Où, comment? Repassant en mémoire ce que vous avez mangé, vous découvrirez un mélange détonant, une conversation tendue, un abus de graisses, etc.

Ce n'est pas parce que vous aurez lu une fois le chapitre sur l'alimentation que vous saurez bien vous nourrir. Il y a une grande différence entre absorber et assimiler et le processus de digestion mental est parfois plus long que le processus de digestion physique. Il vous faudra expérimenter, pratiquer, lire et relire, découvrir et redécouvrir ce que vous aviez cru comprendre alors que vous n'aviez fait qu'un survol superficiel. Peu à peu, vous élaborerez votre propre synthèse, vous la ferez entrer dans vos habitudes et elle ira enrichir votre intuition. Pour vous familiariser avec le tableau de Shelton, vous aurez intérêt à l'afficher dans votre cuisine. Pour vous sensibiliser aux radiations, devenez attentif à votre rapport avec l'aliment frais. Contrôlez à diverses reprises les quantités et qualités des aliments pris en une journée. Avez-vous l'impression que vos besoins en protéines, en vitamines ont été couverts? Avez-vous fait des excès? De quoi auriez-vous pu vous passer? Trop de thé, trop de sucre?

Étape par étape, vous pouvez ainsi opérer un redressement alimentaire. Procurez-vous des aliments aussi sains, aussi frais que possible. Cuisez-les au minimum. Mangez peu à la fois, mâchez bien. N'en faites pas une histoire. Restez simple, attentif mais détaché. La plupart des gens attachent trop d'importance à la nourriture, y consacrent trop de temps, trop d'argent. Ou plutôt cette importance est mal placée, elle signe névrose, pléthore, excès. Alors qu'elle devrait signifier qualité, modération, exactitude. Entre le moins de la carence et le plus de la pléthore, le juste milieu de la bonne santé. Car, il faut le répéter, la santé *se construit sur l'alimentation,* et les maladies sont la conséquence d'une alimentation mal comprise, dans un mode de vie lui aussi erroné. Mais tout se passe comme si l'un n'allait pas sans l'autre. Celui qui mange mal vit mal et inversement, rapport de cause à effet, mais aussi rapport global à un manque de contrôle sur son biologique et à un manque de sagesse. Pour être à soi-même son propre médecin, il faut donc d'abord être capable d'introduire un ordre dans son alimentation et de tendre sans cesse à une amélioration. Toujours au stade de la prévention, à certaines périodes de fatigue, de baisse d'énergie vitale, on renforcera les apports vitaminiques par des comprimés de soutien (vitaminéral ou autres) qui se trouvent en vente dans les magasins diététiques. On adoptera un rythme de repas, avec petit déjeuner protéiné, déjeuner normal, et repas du soir léger. On pratiquera la douche écossaise (chaude - froide) pour se tonifier, on se frictionnera au gant de crin avec quelques gouttes d'une huile essentielle odorante. On prendra des bains de siège froid de 2 à 3 minutes si possible 2 fois par jour, matin et soir pour garder un bon équilibre nerveux. On s'oxygénera aussi souvent que possible en pratiquant des exercices respiratoires, en se ménageant un peu de marche ou de course. On fera quotidiennement quelques mouvements d'assouplissement. On se ménagera du temps de relaxation, de recentration, de relaxation (2 fois un quart d'heure si possible). On pratiquera un jeûne d'une journée par semaine ou des diètes aux changements de saison. On dormira environ 7 heures chaque nuit. Ne croyez pas que l'ensemble de ces soins vous mettra à part et vous désignera aux yeux de vos relations comme un hygiéniste à tout crin.

Tout au contraire, vous devez rester très discret sur ces comportements qui concernent votre intimité avec votre corps. Un observateur attentif remarquera simplement que vous gardez une égalité d'humeur, que vous savez vous extraire des situations fatigantes ou tendues en allant respirer quelques minutes. Votre sobriété étonnera mais sans donner lieu à des déclarations de principe de votre part. Ne commettez pas l'erreur de faire du prosélytisme n'importe où et n'importe comment. Vous vous attirerez des plaisanteries qui ne seront pas toujours de votre goût, vous ne convaincrez personne et vous perdrez de l'énergie. Surtout si vos obligations professionnelles vous obligent à vivre dans un milieu d'alcool et de tabac, restez très prudent dans vos confidences. Il est dit de ne pas donner de perles aux pourceaux. Ne communiquez une énergie concernant votre mode de vie qu'à des personnes dont vous sentez qu'elles ont un désir de transformation. Faites-leur lire certains livres. Discutez avec elles. Avancez prudemment. Sinon, vous vous apercevrez vite que vous avez perdu quelque chose, que vous avez moins de goût à tenir la ligne que vous vous étiez définie. Nous sommes entourés d'un réseau d'habitudes mondaines et familiales qui sont insensiblement destructrices. Il faut beaucoup de volonté pour remonter cette pente, et se rebrancher sur un courant de vie plus réel. Ne vous gaspillez pas pour convaincre ceux qui ne seront jamais convaincus.

Il semble bien qu'il soit possible de vivre sans tomber malade.

Les témoignages abondent. Mais il est à remarquer que c'est souvent parce qu'ils ont été très malades un jour, à peu près abandonnés par la médecine officielle, que la plupart des pionniers se sont pris en main et ont découvert les éléments constitutifs de leur nouvel équilibre : ainsi Geffroy, le fondateur des magasins de La Vie claire, ou Simoneton le père des mesures en radiations, ou d'autres encore. L'insouciance à l'égard du corps tombe toujours dès qu'on se sent atteint. Mais les réflexes actuels conduisent ou non à se remettre en cause au niveau de son mode de vie, ou de son alimentation. Qui dit maladie dit médecin et médicament. On ne remonte pas aux causes véritables, on soigne les symptômes. On se vit en victime et non en acteur responsable. Devenir à soi-même son propre médecin, c'est d'abord avoir intégré cette notion de responsabilité envers soi.

La pensée a un pouvoir créateur. Vous pouvez quotidiennement exercer une sorte de contrôle bienfaisant sur votre organisme par l'attention que vous lui accordez. Vous disposez aussi du souffle pour détendre, apaiser l'ensemble du système nerveux. En fermant les yeux, vous visualisez votre aura, vous essayez de lui donner une couleur, vous transformez cette couleur au fur et à mesure que vous purifiez cette aura. Inspirez et expirez en imaginant que votre souffle porte de l'énergie pour rendre votre aura plus vibrante, plus lumineuse. Baignez-vous dans cette lumière, recréez-vous. A tout moment, vous pouvez ainsi vous donner ce bain de lumière intérieure, pour améliorer votre santé, pour accroître votre énergie, pour retrouver l'amour de la vie, pour atteindre une forme de paix. Lorsqu'un endroit de votre corps vous fait mal ou qu'un organe vous paraît affaibli, concentrez-vous sur lui et envoyez-lui de l'énergie. Vous pouvez faire cela en tout lieu et à tout moment. Détendez-vous. Faites quelques respirations profondes. Visualisez mentalement votre corps et arrêtez-vous sur la partie dont vous sentez qu'elle a besoin d'un supplément d'énergie. Appliquez-lui comme une sorte de pansement avec la couleur que vous trouvez la plus vivante et que vous chargez de transporter une sensation de bien-être. Activez cette couleur, rendez-la de plus en plus lumineuse et chatoyante. Imaginez que cette partie affaiblie de votre corps se détend, se porte de mieux en mieux.

Pour cet exercice, les cellules du corps participent activement à une remise en ordre : le flux sanguin s'accroît, les éléments nécessaires à la guérison affluent.

Les messages du corps. Le corps ne cesse d'émettre des messages, encore faut-il être en mesure de les entendre. Ils disent les besoins de repos, de nourriture, de détente, de sommeil, d'exercice, de modification de l'environnement. Quand on est capable de les écouter, on devient aussi capable de transformer sa vie pour maintenir un bon équilibre physique et psychique. L'ensemble de cet ouvrage enseigne un certain nombre de petites pratiques quotidiennes qui, prises isolément, peuvent paraître sans importance, mais toutes ensemble elles représentent une grande somme d'énergie, elles garantissent l'acquisition d'un bien précieux : la santé.

Ces pratiques ne sont pas coercitives. Elles peuvent s'intégrer joyeusement dans les habitudes, elles permettent de se sentir plus heureux, plus en paix avec soi-même et avec son environnement. Vous n'assimilez pas tout en un jour, mais si vous gardez une certaine ligne de tension, vous ne cesserez de vous améliorer.

SE SOIGNER : LE MÉDECIN INTÉRIEUR

Si un trouble se déclare et si vous savez le déceler dès ses débuts, faites appel d'abord à votre médecin intérieur, demandez-lui des conseils. Vous devez être capable dans un premier temps de trouver les conditions d'hygiène de vie et les plantes qui vous aideront à retrouver la santé. Même en vous tenant aux indications données ici en phytothérapie ou aromathérapie, vous êtes en mesure de soulager divers troubles. N'oubliez pas : *c'est la nature qui guérit.* Il faut faire en sorte de l'aider au maximum en mettant l'organisme au repos : sommeil – diète. Pour stimuler la lutte contre les infections, les huiles essentielles ont un pouvoir très précieux. Normalement, si vous pratiquez une hygiène de vie moyenne, si vous ne faites pas de trop gros excès, vous parvenez à tenir un équilibre vital. Les petites maladies qui interviennent parfois sont comme les soupapes de sûreté de l'organisme, elles doivent vous mettre en alerte, et vous amener à réviser quelque chose dans votre mode de vie. Si une véritable maladie s'installe, c'est que vous n'avez pas su vous prendre en main d'une manière réellement efficace. Il vous faudra alors recourir au médecin et à l'arsenal pharmaceutique, parce que vous serez entré dans la phase de détérioration. N'oubliez pas que vous soignez aussi les résultats de vos erreurs, et remontez à la source pour détecter ces erreurs. Une fois le cap de la crise aiguë passé, remettez-vous en question et remodelez complètement votre manière de vivre et de vous alimenter. Chacun de nous représente une expérience originale, une histoire biologique particulière, avec son terrain, ses antécédents, ses habitudes. Il nous appartient de prendre conscience du tout que nous formons avec ses points faibles et ses points forts, son passé, son présent, son futur.

Maintenons autant que possible en nous une énergie positive, une image de notre corps en bonne santé sur laquelle nous essayons de construire, de modeler notre réalité. Ce médecin intérieur, disponible à tout instant, et infiniment bienfaisant est le meilleur atout d'une bonne santé.

12

Le corps du futur : du biologique au cosmique

Désir d'apprendre
Ouverture constante } sont la vraie discipline pour se comprendre soi-même et comprendre la Loi de l'Univers.

Cette décadence des corps appartient à une très vieille histoire, une histoire d'épuisement qui vient du passé. Des pans entiers de civilisation sont appelés à se détacher comme des peaux mortes. Cependant le grand corps de l'humanité continue de vivre et de se renouveler. De sombres coupures ont été continuellement exercées par les guerres au cours de l'histoire. De nouvelles coupures sont encore à craindre et à prévoir. Mais la guerre appartient à un stade encore primitif de l'organisation humaine. Elle est la traductrice du fait que la majorité des humains vivent à un niveau extrêmement élémentaire malgré les progrès de la science, de l'art, de la religion : la conquête d'un pouvoir, la rivalité, la survie sont encore les préoccupations dominantes. Seule une petite élite, présente dans chaque groupe, chaque nation, s'est haussée à des niveaux de développement supérieur, a dépassé la frontière de la guerre. L'homme se différencie de l'animal par le fait qu'il se *tient debout :* sa verticalité est signifiante, il est le trait d'union entre le ciel et la terre, de ses pieds à sa tête s'inscrit tout le sens de son développement. L'homme de la violence et du pouvoir vit au niveau des trois premiers chakras. L'homme de la paix et de la spiritualité a déjà reconquis le niveau du cœur, il n'est plus polarisé dans ses étages inférieurs et il reconquiert progressivement la résonance de ses plans supérieurs. *Les valeurs du futur sont portées par cette élite* qui se dégage de la guerre et de la destruction, qui vit et comprend l'humain dans le sens de sa reconstruction spirituelle.

Pour faire entendre cette voix, il n'est pas nécessaire aujourd'hui d'être prophète ou illuminé. C'est la longueur d'onde du bon sens de tout être qui n'est pas contaminé irrémédiablement par la fascination de la destruction. Mais ne vous y trompez pas, cette destruction est à l'œuvre partout, dans les corps, dans les esprits, dans la consommation à outrance, dans le mauvais amour de soi-même, dans la vie à l'envers qui désespère de jamais se vivre à l'endroit. Tant de vies cristallisées dans la médiocrité, la névrose, l'obstruction, la violence, l'avidité. L'espoir continue de fleurir pourtant dans des jardins privilégiés. A différents niveaux des voix se font entendre et trouvent leur public. L'écologie et le renouvellement spirituel dépassent déjà le cadre élitiste, et trouvent un écho populaire notamment dans les jeunes générations. Le futur est du côté de la vie et il est à souhaiter que ceux qui cherchent, jeunes et moins jeunes, se détournent de la complicité avec les comportements collectifs suicidaires, et inscrivent dans leur vie un renouveau qui touche tous les aspects de leur être.

Si vous êtes sensible à ces phrases, si vous sentez sur vous la *griffe de la mort,* n'hésitez pas, commencez par votre corps. Redonnez-lui une chance de fonctionner élastiquement, souplement, débarrassez-le de ses impuretés et vous aurez la surprise de vous vivre heureux très différemment. Il n'est pas d'effort qui soit négligeable individuellement et collectivement. Pierre à pierre, on édifie la structure de son renouvellement. L'homme futur naît en chacun de nous à chaque instant, chaque fois que notre choix se fait dans un sens plus vivant. Lorsque vous commencez à faire l'ordre et la propreté dans votre corps, dans votre environnement, vous faites partie d'un effort plus vaste et plus général qui tend à faire triompher le *meilleur et reculer le pire. Prenez conscience de la signification de votre effort individuel,* de la valeur de votre témoignage, de votre exemple.

Il ne s'agit pas de sous-estimer l'importance du courant de dégénérescence actuel, ni même de s'aveugler sur les traces qu'il a laissées et laissera longtemps sur ceux qui veulent remonter la pente. Il n'y a pas non plus à se laisser gagner par le pessimisme et le découragement. *Tout est encore possible en particulier et en général.* Chaque être qui fait triompher en lui l'homme du futur, sur l'homme du passé, permet que grandisse le courant de transformation, de mutation de l'homme sur cette planète Terre. Il s'inscrit pour la paix, la conscience contre la guerre et les abus du pouvoir.

L'expérience l'a prouvé et tous ceux qui se sont pris en main au niveau de leur corps et de leur vie pourront en témoigner. Le contrôle de son véhicule biologique n'est pas une affaire d'hygiéniste poussiéreux, obsédé par le pain complet, le jeûne, les plantes, et nombriliquement penché sur sa santé. Accepter les lois biologiques qui régissent le corps humain, les comprendre c'est déjà entrer dans un processus d'ordre : entretenir la vie dans ses cellules plutôt que les affaiblir anarchiquement. *La manière d'habiter son corps reproduit aussi un certain type de rapport à soi-même;* une maîtrise plus ou moins grande de sa matière constitutive, une acceptation, un amour de soi. On ne se simplifie pas, on ne se purifie pas du jour au lendemain, mais étape par étape. On conquiert et on stabilise une certaine harmonie à vivre, une certaine santé autant qu'il est possible quand on vit par exemple dans une grande cité polluée. Du moins, on a des articulations souples, pas de surcharges graisseuses, une peau élastique, un système digestif régulier et discret, pas de sensations de lourdeur ou de fatigues intempestives, un bon sommeil, un système nerveux pas trop à vif, une sensibilité normale aux infections courantes, genre rhume, etc. Instrument souple et docile, le corps, qui reçoit un minimum de soins intelligents, demande beaucoup moins d'attention qu'un corps déséquilibré que l'on soumet quotidiennement à des traitements aberrants. Quand on a ainsi pacifié et épuré son enveloppe matérielle par un mode de vie relativement sain, on devient plus sensible à des effluves psychiques. *Par la compréhension du biologique, on accède à la compréhension du cosmique.* On entre dans la voie du perfectionnement de soi, on retrouve le sens de son passage sur cette terre. Comment ce sens a-t-il pu s'engluer dans la conquête matérielle jusqu'à se perdre pour une majorité d'êtres? Comment passer ainsi à côté de la seule aventure humaine qui soit véritablement exaltante? Comment ne pas vouloir cette transformation que tous portent en germe, du moins humain au plus humain, au surhumain, du matériel au spirituel? Comment ne plus être sensible à l'appel de l'âme prisonnière? Tant de symboles, tant de contes légendaires, sont là pour rappeler que la quête de soi s'est poursuivie sous diverses formes, porteuses de la même essence. Forme et fond, sens révélé et sens caché, exotérique et ésotérique, profane et sacré, l'esprit de l'homme se révèle à lui-même par une série d'épreuves, et rejoint sa source unitaire. Le véhicule biologique du Terrien est le lieu de passage temporaire pour son aventure cosmique, qui a commencé avant cette incarnation, et qui se poursuivra après cette incarnation.

Beaucoup de gens aujourd'hui s'intéressent à leur hygiène de vie, en particulier à leur nourriture mais cet intérêt reste trop souvent lointain et inefficace, motivé par le spectre de la maladie, et balayé à la première tentation. C'est uniquement par l'effort d'une pratique toujours plus précise qu'un véritable changement pourra s'inscrire et apporter ses bienfaits physiques et psychiques.

En 1980, nous sommes à un moment crucial, à un tournant de civilisation, où beaucoup de forces destructrices sont à l'œuvre. Seuls ceux qui se détournent de ce vortex descendant et qui repartent en sens inverse préparent un futur. Il est à souhaiter que beaucoup de gens jeunes, qui ne se sentent pas encore de complicité avec le système en place, comprennent ce schéma et s'emploient dès leur adolescence à participer à un autre temps de civilisation. Bien sûr, certains seront vieux avant l'âge, mais d'autres parviendront à s'extirper de l'engluement généralisé, et feront confiance à la force d'aspiration et d'idéal qu'ils sentent en eux. L'humanité de demain ne se fera pas avec des êtres prématurément enlaidis et vieillis, mais avec des êtres disposant de leur corps pour la traversée des joies du corps, du cœur et de l'esprit.

A quoi bon désirer des artifices coûteux et y recourir, à quoi bon des vêtements à la mode si le corps qui les porte est déformé, à quoi bon un lit douillet si c'est pour y souffrir du dos une nuit sur deux, à quoi bon des repas gastronomiques si c'est pour souffrir, pendant des heures, de digestion difficile?

Les tentations matérielles sont empoisonnées et ne donnent rien des joies qu'elles promettent quand elles tournent sur elles-mêmes, et ne débouchent sur rien d'autre. Même si vous pensez connaître ce schéma intellectuellement, essayez de vous observer et de débusquer en vous la participation, la complicité à l'obsession des jouissances matérielles. Combien de temps passez-vous par jour à courir pour de l'argent ou toutes les formes plus ou moins déguisées du pouvoir? Combien de temps consacrez-vous à votre vie extérieure et profane? Combien de temps consacrez-vous à votre vie familiale? Combien de temps consacrez-vous à aimer? Combien de temps consacrez-vous à marcher? Combien de temps consacrez-vous à écouter de la musique?

Combien de temps consacrez-vous à une activité créatrice? Combien de temps consacrez-vous à la réflexion, à la méditation? Qu'est-ce qui est important pour vous? De quel côté êtes-vous? Quel est votre but? Acquérir plus de pouvoir, plus d'argent, plus de terres, plus de maisons, plus d'objets, ou acquérir en vous-même une plus grande intensité de vie, une plus grande beauté, une plus grande bonté, une plus grande vérité avec vous-même et les autres, une plus grande paix, une plus grande joie?

La Voie du Milieu est difficile, exigeante, toujours à recommencer dans sa tension d'équilibre. Comme l'histoire de l'homme qui marche sur une corde tendue d'un point à un autre et qui doit apprendre l'art de ne jamais tomber sous peine de mortelles conséquences. Le « devenir plus » est à ce prix. La vie physique cache dans ses apparences la précieuse réalité d'une vie spirituelle qui ne se révèle qu'à celui qui va jusqu'au bout de lui-même. Le biologique appelle le cosmique et c'est la grande aventure du FUTUR.

TABLE

Cet ouvrage
a été composé
et achevé d'imprimer
en mai 1983
par l'Imprimerie Floch à Mayenne
pour les Éditions Albin Michel

AM

N° d'édition 7963. N° d'impression 20778
Dépôt légal : juin 1983

IMPRIMÉ EN FRANCE